50代からでも遅くはない！

サラリーマンからのシニア起業術

上水樽文明 著

セルバ出版

はじめに

「楽しそうな人生を送ってそうだね。君と話しているとワクワク感があるよ。本当に起業してよかったな」。シニア起業して7年目、62歳になった私に、最近定年を迎えた会社員時代の同期友人たちからそうした声をいただくようになりました。

というのも、もともと早期退職制度もないほどに面倒見がよい会社でした。もちろん、私自身も大好きだった会社です。大卒プロパーで33年間勤めてきた会社を何でいまさら退職するのか、同期の皆から「諸事情があるにせよ信じられない行動」と忠告を受けた7年前だったからです。

この短い7年の間でも、コロナ禍をはじめとして世情はかなりの変化を遂げ、働き方もますます多様性を求められる時代になってきました。

ご承知のように、終身雇用・年功序列を前提とした日本型雇用も崩壊しつつあります。世の中に目を向けると、定年後からスタートする長い人生に悩み始める人も少なくありません。

人生100年時代という超高齢社会に突入し、生産年齢人口の減少、社会保障費の増加、健康寿命延伸の必要性が問われる中、定年を見据えて1つの選択肢でもあるシニア起業を目指す方々もさらに増えてきています。

そのような意味合いでも、著名な方々の起業本が数多く、ノウハウ本として書店で散見されるようになりました。でも、私のようなごく普通の一介のサラリーマンからシニア起業した者の本は、あまり見かけません。普通のサラリーマンの方に、同じ目線でよくも悪くも経験に基づいた生の声をお届けしたいと思い執筆に至りました。

サラリーマンを長く続ければ続けるほど、組織人としての生き方を学べるものです。私も55歳まで大企業にいて、多くの学びを得ることができました。したがって、シニア制度さえあれば、65歳くらいまで組織人として働くのももちろん選択肢の1つです。

「起業」と聞くと、別世界のことのように思われがちです。しかし、私の中にあるシニア起業は、肩ひじを張らずに、好きなことで、年金＋小さく稼いで社会貢献していくスタイルです。言わばグライダーのように省力化しながら70歳、80歳…と楽しく元気で長い人生を滑走したい。そのようなイメージを実践している1人に他なりません。好きで飽きないことを地道に正しい方法で続けさえすれば、何とかなるものだと信じております。

人生100年時代、シニア起業を選択肢として捉え、「無理せず、ストレスを溜めることなく、心も健康的に生きたい」。そのようなお考えの普通のサラリーマンの方々にお読みいただければ嬉しく思います。また、「この人が続いているのであれば、私もシニア起業できる！」と、誰もが自信を持って決断できる、そんな役割を担える本になれば幸甚に存じます。

２０２１年７月

上水樽《うえみずたる》　文明

50代からでも遅くはない！　サラリーマンからのシニア起業術　目次

第2章　55歳からでも起業はできる？

第3章　事業はテーマ選びよりも「できること、好きなこと、やりたいこと重視」がいい

第4章　起業までの下準備は人脈づくりと営業ノウハウづくり

第5章　起業後に実践した10の行動

第6章　事業を継続させるためのお金の回し方の秘訣（小売業の場合）

第7章　シニア起業者としてサラリーマンの皆様にお伝えしたいこと

第1章

シニア起業の種火となった会社員時代の学び

1 「やりたいこと」を見出せなかった若かりし頃

◆「やりたいこと」は見つからなくても「好きなこと」はある

よく会社員の方は、「定年後はやりたいことをして過ごしたい」とおっしゃいます。

しかし、その「やりたいこととは何でしょうか?」と伺っても、「いや、まだ見つからない」とお答えになる方が多いようです。

いいえ、正直なところ、私もまさにそんな会社員でした。決して人のことを言えたものではありません。

ただし、「好きなこと」はありました。読者の皆様も、「好きなことならある」と思われるのではないでしょうか?

私は、人に喜んでいただくことが好きです。約42年前の大学時代では、ローターリークラブの青少年団体(ローターアクトクラブ)で老人ホーム慰問などのボランティア活動に熱中しておりました。その中で人に喜んでいただくと、本当に言いようのない多幸感があったのです。もちろん、それは今も関わっておりますし、今後も続けていきたいと願っています。

ただし、好きなことではあっても、将来自分がやりたい仕事の絵が、早いうちに描けずにいたのは正直なところでした。

◆若い世代の自分磨きは素晴らしい！

最近、周囲の若い方々を見渡すと、やりたいことを早い時期から見出し、将来のためにスキルを磨いている様子を多く見かけます。素晴らしいことです。

高度成長期の恩恵を受けながら育った私たちの世代と比較すると、「スキルを磨く」意識においては遥かに高いと思うことがあります。今の若い方々は、見通せない将来に向けての危機感から、マルチにスキルを磨くことが逆にやる気と自信に繋がっているようです。

私たちの時代は、終身雇用・年功序列社会で、その多くが、確実にレールに乗って勤め上げることと自体が最大の目的とされていました。本書を手に取られた方もそうではないでしょうか？　同じ競争社会でも環境による大きな違いを感じるものです。

私自身も、特にスキルを磨くほどに強烈に将来やりたい仕事を見出せないまま、若かりし頃を過ごした1人でした。

◆超少子高齢社会でますます働き方が変わる

しかし、ここ数年、わが国の働き方は、大きく変革を遂げようとしています。もちろん、働き方だけではありません。超少子高齢社会を迎え、早い人は会社在職時から、また定年前後の時期に「親の介護」という大きな課題がのしかかってきます。

さらに、定年後頼りにすべき年金の支給時期が、今後後ろ倒しになりそうな気配もあります。定年後の生きがいも大事ですが、現実的な財務状況から、何らか仕事を続けなくてはいけないという方が多くを占めるようになっていくのではないでしょうか。

「親の介護」は、周りの協力を得て何とかクリアしていくとしても、年金収入だけでは心もとないのが正直なところでしょう。

ここで矛盾するようですが、「それじゃ収入だけを追いかけていくのでよいのか？」と自問自答します。やはり、何らか「やりたいこと」に関わって仕事を続けたい。それを両立させるにはどうすればいいのかと、会社員時代の後半は考えていました。

2　学生時代に本屋で出会った「ある少年の夢」

◆学生時代に投げかけられた「あなたにとって仕事とは何ですか？」

ここで、自分のルーツになった学生時代の話を聞いていただければと思います。私は、大学時代を京都で過ごしました。京都は、伝統ある古都として広く知られており、観光地として高い人気を誇ることは言うまでもありません。私も今でも大好きな街です。

しかし、ご存じでしょうか？　日本最古の企業として千年以上の歴史を持つ金剛組はもちろん、新進気鋭の企業も多く京都に存在します。任天堂、オムロン、日本電産……。そして京セラがあります。

そんな京セラに入社したきっかけを述べさせていただきたいと思います。

前述のとおり、ボランティア活動に熱中していた大学時代ではありましたが、ロータリークラブの名経営者の方々から、青少年育成のための職業観、いわゆる「あなたにとって仕事とは何ですか？」という多くの投げかけの機会を得ることができました。

これは、学生でありながら、例会卓話（「卓話」とはロータリークラブで使用される言葉。ロータリークラブ会員や外部のスピーカーに依頼し、そのスピーチを聞くことにより会員同士の視座を高め、新しい知識を得ること）の拝聴、職場訪問などを通じて大きな収穫となりました。

ロータリーの経営者の方々に接するに伴い、やりたいことは見出せないままではありましたが、特に企業経営者に関心を持つようになりました。

◆「ある少年の夢―京セラの奇蹟」との出会い

そうした刺激からビジネス書に触れるようになったのですが、ある日、京都の街を散歩していて、本屋で偶然にも手に取ったのが「ある少年の夢―京セラの奇蹟」（加藤勝美 著：現代創造社刊）でした。

この書籍は、京セラ創業前から20代〜40代の稲盛和夫氏（京セラ創業者）の言動と苦難突破の日々を克明に描いた伝記本です。読み続けるに従い、心が高揚し、純粋に「このような創業者の方のもとで働きたい、このような方に尽くしたい」と強烈な思いで惹かれたことが人生の転機でした。

就職活動解禁前にもかかわらず、入りたい一心で京セラ本社に足繁く通い、1人就活を続けました。しまいには、人事部の方に「もう来ないでくれ」と言われるくらいの熱心さであった記憶が今でも思い出されます。

◆人生で初めて必死になった就職活動

大学時代まで、中途半端で、様々な受験に失敗し辛酸をなめてきた私にとって、ここまで必死な思いにさせたのは、何だったのだろうと甦ります。

大学の先輩に基礎知識として聞いてはいたものの、入社するためにありとあらゆる可能性、手段を1つひとつクリアして、何とかボーダーラインで拾ってもらう…そのような絵だけは人生で初めて鮮明に描けたようです。また、ありがたいことに、内定した他の会社も、京セラの結果が出るまで待ってくださったほどでした。

最終的には願いが叶い、感謝の気持ちをもって京セラへ入社することになりました。別に京セラのことを持ち上げたいと思うわけではありません。しかし、自分のビジネス人生をつくってくれたところであり、どうしても振り返りたくなるのです。

読者の皆様も、「会社を辞めたらどんなことをしようか」と考えられるでしょうが、やはり長い時間を過ごした会社とそこで得た経験、人脈などは、定年後の仕事にも生かせるのではないかと思うからなのです。

3　すべては経験から―社会人の1歩を迎えての記憶、今だから言えること

◆社会人の１歩を迎えての記憶

特に飛びぬけたスキルがあるわけでもなく、熱意だけで入社したと言っても過言ではない私にとって、どこに配属されようが幸せだと、ある種、根拠のない自信に満ちておりました。

新卒入社者約１７０人が一同に集まり、自衛隊訓練並みの2週間の研修が終わったある日、人事部より配属先発表がありました。本体と関連会社を合わせて計5社への配属先の説明があり、五十音順で1人ひとり呼ばれてゆきました。私の名字からいって10番目くらいに「日本キャスト出向」と呼ばれて、大きな声で元気よく「はい！」と二つ返事をし、最後の約１７０人目の名前が呼び終わるのを待ちましたが、その間はどんな同期と社会人のスタートを迎えるのか？　頭の中は、そちらに関心が向いておりました。

そして、すべての名前を呼び終わった途端、私の心の中で変化が起き、一瞬「えっ、これはどうしたことだろう」という寂寥感に見舞われました。念のためにもう1度頭の中を反芻しましたが、「日本キャスト」と呼ばれた同期は浮かんでこず、やはり私1人での新卒出向でした。

とても能天気な私は、その美しいばかりの社名「日本キャスト」ってタレント養成会社くらいの想像しかできず、きっとそんな世界に向いていると判断され、自分が選ばれたのだと前向きに捉え、

その場に立って手を上げ、人事部の方に質問をしたほどです。

ところが、人事部の方から返ってきたのは、「キャスト＝鋳造（貴金属他）の意味である」とのことでした。私の能天気な一瞬の夢想は潰えました。

定年を迎えた同期たちは、今でも約40年前の私のこの出来事を覚えているようです。実は、人事部で予め配属先の希望面談が実施されていたのですが、私のような文系出身者は、本人の希望先とは関係なくほとんどが真逆に近い配属先であったかと記憶しています。これもまた将来のための社員教育の一環であったのだろうと約40年前を回顧しながら思う次第です。

◆アメーバ経営が織りなす中小企業のバイタリティ

新卒1人での出向ではあったものの、幸運にも総務・製造・販売・開発が同じ建屋にある小さな会社で、家族的な先輩、上司にも恵まれ、すべての教育をマンツーマンで受ける幸運にも恵まれました。

飛鳥山から眼下に見下ろす、あの渋沢栄一が興した王子製紙のゆかりの地・王子の町の貴金属の鋳造会社で始まった社会人生活の第1歩、言わば多くの小集団が競い合い集合体となるアメーバ経営は、33年後シニア起業する際に大いに役立つ経験となりました。

すでにそのときは大きな会社になっていた京セラでしたが、配属先は関連会社の王子の町工場。しかし、そこで働いた日々は、自分にとってかけがえのない経験になっています。

もちろん、その当時は、33年後のシニア起業を見越していたわけではありません。ただ、大企業と違い、すべてを自分たちで賄う中小企業のバイタリティとセクショナリズムが存在しない働き方、もっと平たく言うと、「自分で何でもやらなくちゃいけない」という職場環境で、新卒すぐの人間が過ごせたことは、今の仕事のやり方に何らか通じることがあるのではないかと思い返します。

読者の皆様も、起業すると、まず最初は中小企業、いや小規模事業者からスタートすることになるでしょう。「自分で何でもやらなくちゃいけない」生活であることだけはここでお伝えしておきます。

4　与えられた仕事を好きになることの重要性

◆「やりたいこと」を導き出す、目から鱗が落ちた言葉

京セラは、社員教育の時間を惜しまない素晴らしい会社でした。当時、現役社長として薫陶していた稲盛和夫氏が、開口一番おっしゃった言葉を今でも忘れることがありません。特に「やりたいこと」が見出せずにいた私にとっては、尚更のこと衝撃的でした。

「好きな仕事がしたい、好きな職業に就きたい、しかしながらそれが手に入らなくて悩んでいる…そのような人がいます。好きな仕事というのは簡単に手に入るものではありません。目の前に好きな仕事があるということも、まずありません。だから、不平不満を言わず、今の自分に与えられ

た仕事を好きになる努力を必死にすべきなのです。辛いこともあるでしょう。でも諦めずに、もうこれ以上できないと思うほどに創意工夫して1度取り組んでみることです。成果が上がれば、人間というものは面白くて楽しくなってきます。もっと頑張ろうと思い、雑念・妄念までも忘れて取り組むものです。そして最終的にその仕事が本当に好きになり、やりたいことになるのです。不思議なもので、知らず知らずのうちに人間性までも高まってゆくのです」。

それまで「やりたいこと」が見出せなかった私にとって、目から鱗のような言葉でした。自分自身のそれまでの必死さの欠如と、今後、体得することの意味合いを素直に受け止めた瞬間でもありました。

◆シニア起業後も脳裏に焼き付く人生の方程式

お蔭様で、勤務時代に数えきれないほどの人生哲学を学ばせていただきました。ご参考までに、その1つ。私が約42年前の大学時代に「ある少年の夢」の伝記本に出会った後、いかにコンプレックスをプラスに変えるか、また人生をいかに謙虚に正しく生きるかという意味で、シニア起業後も脳裏に焼き付いている学びの方程式があります。最近は、かなりのビジネス書で取り上げられてご存じの方も多いと思います。

【人生・仕事の結果＝考え方×熱意×能力】

人生や仕事の結果は、考え方と熱意と能力の３つの要素での掛け算で決まるという方程式になります。足し算ではなく掛け算に意味があります。

この中で、熱意と能力は、それぞれ０点から１００点まであり、これが積で掛かるために、能力を鼻にかけて怠った人よりは、自分には普通の能力もないと思って誰よりも努力した人のほうが遥かに素晴らしい結果を残すことができるという数式です。

これに考え方が加わります。考え方とは、生きる姿勢、物事の捉え方そのもので、マイナス１００点からプラス１００点まであります。例えば、熱意も能力も最高に持ち合わせた人が、人に害をなしたり、破滅を招くようなマイナスの考え方を持つと、社会的にも大きな損失、不幸を齎すということです。

特にシニア起業後については、生きる姿勢、物事の捉え方が重要になっていると感じております。私の場合も「すべての事象は、わが心の反映」であることを座右の銘として、日々の心の持ちようを鏡として捉えるように意識づけしております。

5　新しいことにチャレンジすることの学びを得た33年間

◆「チャレンジして失敗する人」のプロセスを大切にする土壌

入社当時、京セラは、ソニーを抜いて株価日本一になった勢いのある会社でした。それだけにチャレンジ精神の空気で会社自体が満ち溢れておりました。「何もしない人」よりも、「チャレンジして失敗する人」のプロセスを大切にしてくれる、そのような土壌がありました。不思議と私自身も勤務33年のほとんどが新規事業の先発隊として巡り会い、チャレンジの機会が多い1社員となりました。

新素材を使ったセラミックナイフなど日用品の販路開拓、ドイツの陶磁器メーカー・マイセンと共同開発し、世界に先駆けてつくった宝石素材の玉器《ぎょくき》、美術工芸品の啓蒙活動、天然色石宝石が枯渇する中、地球に代わって育てた天然宝石と同一成分のピュアな人工宝石の販売など、人に夢を与え、心を豊かにしたいという創業者・稲盛和夫氏の思いのもとにチャレンジして参りました。

最初に学んだ「与えられた仕事を一生懸命にやることによりその仕事を好きになること」を念頭に、ほとんどをゼロからの営業開拓に邁進しました。

市場にないものをつくること、例えば、セラミックナイフのように消費材での市場導入と、人の感性に委ねる嗜好品の世界での市場導入は、極端に言えば、認知、評価されるまで10年と１００年くらいの差があるものです。まさに文化をつくり得たものの多くは、長年バトンを伝え続けた努力の結果からしか生まれないものなのでしょう。

◆たゆまない努力と諦めない情熱の学び

チャレンジという言葉だけを耳にすると、とても響きのよいものです。やりがいもあります。その反面、新規事業は、「断じて行えば鬼神も之を避く」と言っても過言ではないくらいにたゆまない努力と情熱がないと成就しないことを学びました。

と言いますのも、自慢にもなりませんが、こんなに失敗してもよいものだろうかと言われるくらいに失敗の多い33年間でした。思い起こせば、20代から大きな不良債権を抱え、コンシューマ商品新規部門で管理体制も整っておらず、その後、営業管理という部門を会社につくらせてしまったほどです。

もちろん、新規部門といえども、マスタープランを作成し、黒字化が大前提となります。それだけに、当時は24時間体制もあるほどに自らを追い込んでいくような日々の連続でした。同じような経験をされた方も多いと思います。サラリーマンといえども、その垣根を飛び越えて必死になったときにこそ、学びがあったのではないでしょうか。

◆起業＝「自分の裁量」によって新規事業を開始する

私もそうでしたが、シニア起業を検討する皆さんも、「自分の裁量によって新規事業を開始する」ということでは同じだと思います。

会社員時代に新規事業を検討し、実際に事業を興された方もいらっしゃるでしょう。スケールは違いますが、やることは同じと言えます。

ただし、今度の新規事業はバックアップしてくれたり、万が一のときに責任を負ってくれたりする会社組織はありません。それを考えると、足が止まってしまうという方も少なくないでしょう。

私の場合、失敗をたくさんしたことで、ひょっとして自分のマインドが鍛えられていたのかもしれません。

6　経営者のお客様からリアルな話を拝聴する機会に恵まれて

◆「やりたいこと」に繋がった仕事の喜び

京セラ時代に、自分に与えられた仕事を一生懸命にやることで好きになり、結果的にやりたい仕事に繋がったのがジュエリーの世界でした。若い頃に人に喜んでもらうことが最上の喜びでもあったボランティア活動、いつしかその延長線上で自分の仕事と合致することを認識できるようになりました。

美しいジュエリーにお客様が触れるとき、その満面の笑顔が周囲に幸福感をもたらしているように感じられました。自分の仕事が笑顔の連鎖のきっかけとなる。これこそ社会貢献に繋がる、伝道師的な心を揺さぶる素晴らしい仕事ではないかと考えるようになったわけです。

先史、古代から日本にもあった勾玉の時代から、美を追求することは永遠のテーマで、人にも優しくなれる世界かと思っております。そしてジュエリーは万人に公平です。

◆商品の前にまずは自分を売り込む突破口

ただし、勤務時代は、外商中心の営業部隊だったこともあり、売上効率から高額品にシフトせざるを得ませんでした。そうすると、富裕層の顧客開拓をメインにすることが求められました。しかし、富裕層の皆様は目が肥えていらっしゃる上、様々な売込みを受けていることから、簡単にアプローチできるものではありません。

ご想像のとおり門前払いが当たり前、なかなか宝石をお見せするまでの関係性に至るまでが長い道のりでした。若い頃はそれこそ情熱との闘いでしかなく、ジュエリーを売るのではなく自分を売り込みお客様の懐に入ること、まさに1点突破だったと言えます。しかし、いったん信用いただけると、非常に良質な人脈を持っていらっしゃるのも富裕層の皆様です。富裕層の方の周囲にはまた富裕層の方が存在するもので、ご紹介によって大変得がたいお客様と知り合うことができました。

◆経営するとは「孤独との闘い業」であることの学び

もちろん、私の力だけではありません。京セラという会社の金看板のお蔭で、特に中小企業の経営者の方々が、私の話に耳を傾けてくださる機会を得ることができたのも事実です。お客様にとっては、本来の仕事に直接関係しない個人営業でもあり、私との信頼関係ができますと、様々なビジネス上の話を拝聴できました。従業員には話せない悩みなども含めて、「経営すると言うこと」は、現実的に見て「孤独との闘い業」でもあることを学べる機会にもなりました。

シニア起業した現在、私も社長業のはしくれを務めさせていただいており、「孤独との闘い業」であることが実感できるようになりました。京セラ時代にたくさんお話いただいた経営者の皆様の言葉は、日々の励みになっています。

しかし、今は、京セラという金看板はありません。ますます、私個人の「人間力」というものが問われることになっています。そんな私とお取引いただく皆様には感謝しかありません。ますます人間力を高めていかなければならないと気を引き締めています。

7 人生100年時代、超高齢社会への気づき

◆父が他界して初めて意識した自分自身のゴール年齢

正直言って、ふるさと鹿児島で暮らす両親がともに健在なときは、「死」について考えたことはほとんどありませんでした。ふるさとを18歳で離れて以来、京都で4年間の学生生活を送り、22歳で入社、29歳で結婚、子育てと住宅ローンに追われながらの普通のサラリーマン生活が続いておりました。50歳のとき、父の介護で疲れが見えてきた母を助けたく、会社に月に2日ほど休暇をもらい鹿児島に帰省し始めました。その2年後、父親が83歳で他界して初めて自分の人生のゴール年齢を考え始めたときでした。おそらく、そのように思われた経験の方も多いのではないでしょうか。そして、鹿児島に残る母親の見守り生活もスタートしました。

55歳になり、自分のことをしっかり振り返り、これからの人生設計をしっかりデザインしなくてはと考えました。自分は若い頃から人に喜んでもらうことが好きで、ボランティア活動に熱中した

ことを思い起こすと、「人を喜ばせたいなら、まず高齢になった身近な母親や義父母を大切にしなければ、自分自身に悔いが残る」との気づきが頭をよぎりました。

素晴らしい会社で学ばせていただき、好きになった仕事を天職と思い自ら経営することで、会社にも迷惑をかけずに、より自由な働き方ができるのではないかと考えました。東京と鹿児島を毎月往復し、東京で20日、鹿児島で10日の二重生活を続けていくことをデザインしました。そうして願わくば80歳くらいまで働きたいものだ、広い意味で社会貢献したいものだ、そんな思いから大好きな京セラの退職を決意しました。

本書の冒頭に少し書きましたが、親の介護というのは、誰にでもやってきます。そして、それが発生するまで、あまり真剣に向き合わないものです。場合によっては、突然やってくることもあります。もし、もう少し時期がずれていたら、自分もどうにもならず、介護離職に追い込まれたかもしれません。

◆仕事と介護が両立するシニア起業

介護と仕事を両立する方法の1つとしても「シニア起業」はあるのではないでしょうか？　むろん、「起業して会社を上場させるぞ」のような起業ではありません。自分でスケジュールを決め、無理なく仕事を継続できるような仕組みを考えることが可能です。

そしてもう1つ、介護と仕事をバランスよく行っていくためには、「自分自身の健康」こそ何より大事になるのではないでしょうか。
介護を経験した方はおわかりでしょうが、精神的にも肉体的にも負担がかかります。それをこなしていくためには、何よりも「自分自身の健康」が大切です。もし、自分が病気で倒れたりしたら、介護もままなりません。親と共倒れになる可能性もあるでしょう。また、シニア世代にとっては、自らが認知症を発症する可能性もあります。

つまり、介護をしていくためには、自らの心身の健康と認知機能がなるべく衰えないような生活をしなくてはならないと思います。私は、医療の専門家ではないので、あくまで自らの体験と、周りのシニア起業された方を見ての感想なのですが、シニア起業を果たし、会社員時代のように規則正しくリズムのある生活は、心身を健やかにしてくれている気がします。そして、仕事を通じていろいろな人に出会い、知的な刺激をもらうことにより、認知機能の低下を防止できているのではないかと感じます。

シニア起業の場合、組織ではないので、「変なストレス」はありません。もちろん、仕事上では若干のストレスはあります。ただ、そのストレスが何にもない生活というのもどうでしょうか？私などは、逆に病んでしまうかもしれません。

整理しますと、親を介護するためには、自らの心身の健康こそ大切だと言うこと。そのためには、リズムのある生活、いろいろな人々との交わり、適度なストレスが必要なのではないでしょうか？
シニア起業というのは、そのための1つの効果的な方策だと考えています。

第2章　55歳からでも起業はできる？

1 大企業に守られていたことを身をもって知る

◆サラリーマンであることのありがたみ

会社組織では、会議、研修などに追われて仕事に集中できないとか、様々な人間模様の中で人間関係が複雑でお客様への営業より社内営業のほうがストレスが溜まる…などと思われていませんか?

私も、会社勤務時代にそのような時期が、多分にありました。それは、会社のために乗り越えなければいけないことだと思ったからです。でも、あなたがどれほど会社で頑張っているといっても、すべては会社に守られているのです。不可抗力がない限り、極端に言えば、命まで奪われることもまずないと言っても過言ではありません。

しかし、それってよく考えたらとても贅沢な話です。温室育ちの中で、もがき苦しんでいるだけなのです。22歳から55歳まで1つの会社しか知らない私にとって、特に言えることでした。退職後、何から何まで会社が生活のすべてを完結させてくれていたことを身をもって知りました。いや勤務時代は、日々に追われそこまで考える余裕さえなかった幸せ者だったのでしょう。住宅ローンの融資1つとっても、銀行は勤務先で判断しているのが現実なのです。

給料、ボーナス、様々な手当を始め、医療保険、年金保険、雇用保険、労災保険、介護保険なども、33年間、給料の中で会社がしっかりと支えてくれていたわけです。

日本の制度として当たり前だ、それは権利だと思われる方もいらっしゃるかも知れませんが、国の政策上、今後も保証されるとは限らないのです。

◆初めてのハローワークでの気づき

退職する際に、総務・労務よりの懇切丁寧な退職後の失業保険等の手続の説明を受けていたこともあり、退職後すぐに人生で初めてのハローワークに出かけました。会社都合など様々な理由で退職される方が多い中で、係の方から転職もなく同じ会社で33年も勤めたことを称賛され、「これも権利なのです」と労いの言葉までいただきました。

しかしながら、早期希望退職制度を利用して退職された方々などのお話を聞くにつけて、いかに自分が会社に守られていたかを再び気づかされる結果となりました。既に終身雇用・年功序列を前提とした日本型雇用も完全に変化していることを目の当たりに見て取れたのです。

◆「改正高年齢者雇用安定法」の施行

超少子高齢社会に突入し、前述のとおり、医療保険、年金…などの社会保障費の増加に伴い、企業の雇用形態、働き方が急激に変化しています。ここ数年で60歳定年後もシニア制度を多くの企業が制度化し、65歳まで働けることが当然のごとくとなった昨今、さらに２０２１年４月１日からは「高年齢者雇用安定法」が改正され、施行されました。

その内容は、会社（事業主）に対しての努力義務として、社員に対し、①70歳まで勤めてもらうか、②個人事業主として業務委託契約するか、③社会貢献事業に従事するかの選択肢を準備する改正です。

私が興味深いのは、②の個人事業主としての業務委託契約です。労働力という観点からしても、シニアに対して働く環境がますます整ってくるということです。ただし、コロナ禍など予期しない事態も織り込みながら、この努力義務を果たせる会社が今後どれほど存在するかにかかってくると考えます。年金の先送りも現実化することでしょう。

いつまでも守ってもらえる時代と捉えるか、現状の社会情勢を鑑みて自助努力する時代と捉えるか、私は後者だと思っております。今後、国によるシニア起業の勧奨を前提とした第1歩とも言える法改正ではないでしょうか。

2 「どこに勤めていたか」ではなく「何が自分にはできますか」

◆農耕民族型の協調性がもたらした過去の成功社会

会社に守られているうちは、その金看板で信用が生まれ、社会の一員として生活が成り立っているものです。どこそこの部長であろうが、役員であろうが、会社を辞めたらヘッドハンティングでもされない限り、私のように多くの人は「ただの人」です。定年後となれば、尚更言えることです。人生100年時代に過去の栄光に浸っていても何の意味もありません。

あくまでも私見ですが、歴史的に見ても、日本社会は典型的な農耕民族型です。組織の中で、役割分担し、皆で助け合って1つのことを成就させる、要は協調性をもって大きなことを成し遂げて来た民族でもあります。

戦後の高度成長期の経済発展も、カリスマ的な創業者諸氏のもと、その協調性がもたらした成功社会だったと言えましょう。その恩恵もあり、現在のミドル世代(35歳～54歳)、シニア世代(55歳～)の学校教育も、特に「協調性」を重視する世代だったように思います。その協調性から、組織＝帰属する会社等の存在が誇りに繋がっていたと感じます。

帰属意識が高いことは、決して悪いことではありません。サラリーマン社会において、新橋周辺の飲み屋街に行くと、様々な会社の若手社員グループのテーブルから上司や会社への憂さ晴らしなどの声が渦となって聞こえてきたものです。明日への働く原動力、バイタリティになるのであれば、大いに結構、若き故のサラリーマンの特権だとも考えられる光景でした。

◆「何があなたにはできますか」と同時に視座を高めておくべきこと

日本のように終身雇用・年功序列で守られていた企業社会、特に大企業で働く多くの人は、充分に人生設計ができて「安定した生活」の絵が描けていました。そのために、自分たちの世代、今の50歳以上の世代は、会社のために時間を費やすことを優先させてきた人たちばかりだと思います。

結果として、組織人としての立居振舞い、生き方は、存分に学んでこられたでしょう。それだけに、いつしか自分への関心事も横に置き止まっていたのではないでしょうか。

人生100年時代を楽しく生き抜くためには、「どこに勤めていたか」も大切ですが、もっと大切なことは、「何が、あなたにはできますか」なのです。

シニア起業するためには、ミドル世代以降、最低限学んでおくことがあります。それは、サラリーマン時代に適当に働いていた人が、急に独立して仕事をこなすのは難しいからに他なりません。ましてや、若い方々と一緒になって憂さ晴らししていては何の発展もありません。お聞きになったこともある言葉でしょうが、「視座を高める」訓練をしておくことです。それは、経営者になったと想定して物事を考えるという訓練をしておくことです。

また、会社で必死に取り組まれてきた仕事が、シニア起業の芽になることは間違いありません。会社を退職した時点で、自分から見える世の中の景色も一瞬にして変わります。グローバル社会となった今、欧米のような狩猟民族型、いわゆる個のスキルを活かすことがますます求められ、長い人生を歩む時代に移行しております。

3　シニア起業の動機が純粋で逃避ではないことの自問自答

◆典型的な労働集約型のアナログ営業

シニア起業する際に純粋な動機は重要な要素となります。私は、勤務時代の33年のうち、宝飾応用商品事業部（宝飾品＋セラミックナイフなどの家庭用品）の営業として27年間在籍したあと、50歳から最後の5年間は、携帯電話の通信事業部の営業としてお世話になりました。結果的に、この環境の変化と経験が、シニア起業のきっかけになったのです。

繰り返すようですが、長年在籍した宝飾品部門は、人の感性に委ねる、どちらかというと右脳が鍛えられる「直感的」な個人営業でした。典型的な労働集約型のアナログな世界とも言えます。もちろん、チームワークで動くのですが、顧客様へ夢を売ると同時に、営業個人への売上のプレッシャーも強く、一匹オオカミのような竹槍部隊でした。そのため、日々の達成感も強く、やりがいを感じたものです。

また、その分、人生の授業料もたくさん払いました。やる気になれば、土日の休日も関係なく、いつでもどこでも営業してお客様の笑顔とともに達成感に浸れたものです。個人営業の外商で、年間1億円以上も販売するとトップセールスと言われるくらいの商いで、私でさえそのような時期がありました。

◆典型的な知識集約型のデジタル営業

そして、50歳から異動してお世話になった通信事業部、同じ会社でもこれほど違うのかと思うほどにデジタル社会の先端を走り、左脳が鍛えられた「論理的」な人たちが集まり、洗練された組織営業体でした。同じ営業とは言え、アナログの世界からデジタルの世界へ、まるでタイムトンネルを通って来たような空気感に浸れたわけです。

売上の桁がダイナミックで、営業1人で完結できるような案件ではなく、シュミレーションされた役割分担も明確でした。特に、ウィルコム（WILLCOM：かつて存在したPHSサービス）の営業部隊は、どのようなときも皆で助け合い、仲間意識が強く、同じベクトルを持った理想的な集団でした。個人レベルのことも集団のこととして解決していくような空気が醸成されていました。

50歳になってからの異動で、専門知識もない私を迎え入れてくれた仲間たちには、今でも感謝を忘れることができません。

◆異動によって確信に変わった純粋な起業の動機

50歳からの異動で環境が変わったことで、冷静に自分を見つめることができました。異動がなければ、宝飾部門でシニア制度を含め間違いなく65歳まで会社に勤務し続けたでしょう。人生において、環境が変わることで、様々な気づきを得られるチャンスが訪れるものですね。

また、異動と同時に鹿児島の父が倒れ、毎月介護に帰れることができたのも通信部門の皆さんの理解のお蔭です。さらに、宝飾部門を離れてみて、20代の頃から様々な問題を抱えながらも一生懸命に取り組んだ外商の仕事が、実は自分に合っていたことに初めて気づいたのです。

前にも述べましたように、超高齢社会における親への気づきと、やりたいことの気づきは、純粋な動機として、7年経った今でも変わりなく続いています。

　シニア起業されたのに長続きされない方をたまにお見かけします。それは、単に会社が嫌になったからとか、逃れたいがために、目的と根拠がないままに逃避＝起業されるケースです。多少なりともあったとしても、純粋な動機の理由を自分の中で80％ほどまでに昇華させてください。やりたいことはあっても、金儲けだけでは長続きしません。大義はどうしても必要だからです。

4　人生１００年時代、働き続けることの楽しさの意味合い

◆仕事人間ではなく、会社人間であることのマイナス面

「定年まで家族を養うために我慢して一生懸命に働いてきた。定年後は少しでもゆっくりしたいのに、なぜ今更、また嫌な思いをして働く必要があるの？」──昭和の頃の企業戦士を彷彿するような話を耳にすることがあります。ましてや、長きに渡って会社に忠誠心を持って働いた会社人間の方ほど、そのような気持ちになるようです。

　さらに、奥様方も、サラリーマン家庭の「安定した生活の価値観」が当たり前だとして、昭和の企業戦士にその価値観を浴びせたのではないでしょうか。その結果、「亭主元気で留守がよい」という、世知辛い決まり文句が生まれたような気がしてなりません。よほど愛されている亭主は例外として、定年後ゆっくり家でゴロゴロできる世の中でもないのです。

　余談となりましたが、ここでのポイントは、「なぜ今更また嫌な思いをして働く必要があるの？」

です。まさに仰るとおりかと思います。人間関係などで我慢が長く続いただけに、ストレス社会の被害者だという意識もあるでしょう。確かに受け身で、やらされ感モードに入って仕事を熟すならば、それは辛いものに他なりません。メンタルヘルスに及ぼすマイナス要因にもなります。

勤務時代に産業医の先生から、一般的に大企業になるほど、社内うつが増加傾向にあることを聞いたことがあります。でも、嫌な思いさえ取り除けば、勤務時代に磨いたスキルを持って取り組む仕事は、本来楽しいもののはずです。「仕事人間」ではなく、「会社人間」としての比重が高く成り過ぎた結果、単純なことを複雑に考え、嫌な思いをしてという発想に陥ってしまっていただけなのです。

◆本来、仕事とは自分の「裁量」で楽しむべきもの

実は、シニア起業してから、正直言って嫌な思いをしたことがほとんどありません。勤務時代に巡り会い、一生懸命に取り組んで好きになったジュエリーの仕事、これを今は自分の「裁量」の中で立案し、スケジュールを埋めてゆく、その作業の連続なのでストレスもありません。組織ではないので人間関係に患うこともありません。ネガティブな人と無理してお付合いする必要もないのです。

私は、お客様の笑顔をつくるために、付加価値を創出することだけに1点集中しています。その準備がまた楽しいのです。準備の段階でとやかく言われることもなく、すべてが自分の「裁量」の範囲なのです。ですから、夜にベッドに入ったときに、明日、起きるであろう出来事を想像して、ワクワク感で眠れないことさえあります。実際に、身体までも免疫力が高まるような気さえするものです。

病は気から…と、先人たちはよく言ったものです。楽しみながら、ほどほどに働き続けることは、健康寿命に大きく影響すると信じています。もともと、自営業の方々は、定年という言葉すら存在しません。

◆仕事によるやりがいや生きがいは老いも若きも公平

確かに、定年後、お金さえあれば、のんびりと暮らすのも選択肢の1つです。でも、それは、人生60年、70年の時代の話です。人生１００年時代と言われる現在、人様の寿命は計り知れませんが、20年も30年ものんびりするには長過ぎます。

例えば、私にお金があってのんびりと生活し続けたとしたら、破滅型人生を歩むような気がしてなりません。働くことによって期待に応える成果を上げたり、お客様に喜ばれたりするとやりがいや生きがいを感じられる。それは老いも若きも公平だと思います。偉そうなことが言える立場ではございませんが、そこに働き続けることの意味合いがあるのではないでしょうか。

5　元気なうちに再出発、50代の5年は大きい

◆定年は自分で決める時代へ突入

ここ数年のうちに「定年は自分で決める時代」に突入したと言っても過言ではないでしょう。私は、今から7年前、55歳で早期に退職したわけですが、退職した当時、大企業といえども60歳の定

年後にシニア制度（雇用延長）を利用して会社に残る方は、未だ半分にも満たなかったと記憶しています。さらに、残っても、満期の65歳まで続く方は少数に過ぎないのが実情でした。

現在は、どこの会社でもほぼ１００％の方が、満期の65歳までを見据えて人生設計されていると思います。ただし、残念なことに、7年前も現在も、すべての方が65歳まで会社に残って働き続けているわけではないと聞いています。やはり、現役時代の立場とシニア後の立場のギャップにストレスが生じているのではと思われます。

働き方改革の法改正の中で、現在進行形で雇用者側に対する延長等の努力目標は課され続けています。その中、どこかの段階で「自分はどうする」と意思決定しなくてはなりません。

◆頭も身体も少しでも元気なうちに再スタート

普通であれば、何歳で再出発するかなんて言っても、会社勤めしている方にとっては、50代であまり考える機会なんてないでしょう。ましてや、住宅ローンや子供が独立前で大学等の教育費など抱えていたら尚更です。

安定志向で満たされた家族も、再出発に賛成しないでしょう。私の場合は、50歳の社内異動（宝飾→通信）で働く環境がすべて変わった上に、父の入院が重なり、冷静に将来を考える機会が得られたこと、これに尽きると思います。

最終的に親の見守りをしながらジュエリーで生きる気づきが芽生え、潜在意識まで高まった55歳で「退職」というアクセルを踏んだことになります。もちろん、自分なりに住宅ローンと子供の教育費、必要な生活費等は、大枠をシミュレーションしてみた結果です。

また、シニア起業すると言っても、いつ起業するかの正解はありません。人それぞれです。世の中には80歳代で起業される方もいらっしゃいます。もちろん、そのような方は、経営手腕に長けた一握りの方に過ぎません。自ら経営したことがないサラリーマンであれば、頭も身体も少しでも元気なうちにスタートしたほうがよいと考えます。

人間不思議なもので、環境を変えた、あるいは環境が変わったときにこそ、自分自身を冷静に見詰められるときがあります。

◆マンネリ化した生活には変化が必要

長年マンネリ化した会社勤務の中に身を置いていると、大切なポイントに気づかずに通り過ぎることが起こり得ます。そこで、例えば、定時後でもよいですし、週末を利用してもよいでしょう。交流会、勉強会などに参加し生活の環境を変えるのも1つです。私も、ＮＨＫの話し方教室などに通い、外部の方に接し、とても刺激を得て、「起業」という背中を押していただいた一助にもなりました。

今から考えますと、55歳で退職して結果的によかったと思っています。60歳まで会社にお世話になっていたら、間違いなく「起業」という発想は消え失せていたのではと思うからです。そのような意味でも、この5年間はとても大きかったと実感しています。

さらに、起業しても、まずまず納得できる自分の理想像に近づくまでに、軌道修正しながら平均して2年から3年は見ておく必要があるでしょう。少なくとも、私の場合はそうでした。

6 シニアといえども自分の食い扶持は自分で稼ぐ時代

◆シニアの雇用延長は若年層の正規雇用に影響をもたらす

今、日本では、正社員ではなく、派遣社員、パート、アルバイトなどのスタイルで働く非正規社員の方々が約4割と言われております（総務省「労働力調査」によると、2018年において、非正規雇用者率は38・3％）。主婦層など、より自由な働き方を望む方にとっては、少子超高齢社会で支持されている「働き方改革」の労働力の1つでもあります。働き方も人それぞれです。ただ、残念なことに、正規社員で採用されなかったために、仕方なく非正規で働く若い方々も多く見かけます。その結果、結婚しない独身者が増えており、少子化を招いている一因であることは、皆さんもご存知のとおりかと思います。

もちろん、私のような者が、偉そうなことを書ける立場でもありません。しかしながら、現在の年金支給が、今、働く若い方々により支えられていることを考えれば、今後「シニアといえども自分の食い扶持は自分で稼ぐ時代ではないか？」と思えてくるのです。

企業が、シニアの雇用延長努力を行えば行うほど、若い方々の正規雇用にもさらに影響が出るのでは…と危惧するからです。

◆教育・勤労・納税の義務は豊かな国の条件

日本に生まれたら、ご存知のように国民の義務があります。「教育の義務」「勤労の義務」「納税の義務」の３つです。この３つのお陰で、私たちは、公平に教育の場を得て、社会に出て働き、納税をし、そのよき循環が日本の発展の原動力となりました。

その循環が危うくなった超高齢社会において、元気でストレスも溜めずに働けるのであれば、シニアが自分で食い扶持を稼ぐことは理に適っているとも感じます。

◆福祉国家・デンマークに学ぶべきこと

２０１９年、所属しておりますロータリークラブの世界大会がヨーロッパで開催された際に、デンマークのコペンハーゲンに立ち寄る機会がありました。

日本の天皇家は、日本書紀の神武天皇が即位した年から数えると約２６８０年。日本は、世界最古とも言える国家ですが、同じくデンマークも１０００年以上の歴史を誇るヨーロッパ最古の君主国です。また、日本より先に高齢社会に突入し、福祉国家と言われる代表的な国でもあります。

そのデンマークで伺った話では、教育費（幼稚園から大学まで）と医療費・出産費などもすべて無料。18歳からは選挙権を持つ大人とみなされ、保護者が親から国へとバトンタッチされるようです。そのため、大学在学中は、1人につき毎月約9万円（5，000クローネ）が、国から支給されます。高齢者サービスも充実した、まさに「ゆりかごから墓場まで」面倒を見る国なのですね。

また、農産物の輸出国で、食料自給率も300％、エネルギー自給率も100％で、とても豊かな国です。

さらに、地方議員は無報酬で地域のために働きます。そのため国民の政治に対する関心が高く、投票率も85％ほどを維持しているそうです。このようなことから、幸福度が世界一高い理由も頷けます。

しかしながら、それだけできるのも、消費税率が25％、所得税率50％など、国民への高い税金に支えられ、国民の納得の上に運用されているからに他なりません。

専門家の様々な見解はあると思います。ただ、素直にデンマーク情勢を現地で耳にしたときに、私も含め日本の国民自身が学ぶべきことも多いと感じた次第です。

日本国憲法にある「教育・勤労・納税」の義務は、すべて切り離せない豊かな国の条件と言えるのでしょう。少しこの循環が疲弊している今の日本にとっては、元気であればシニアといえども自分の食い扶持は自分で稼ぐ時代なのかも知れません。

7　シニアの働き方の選択肢

総務省の「労働力調査」によれば、2019年の60〜64歳の就業率は70・3％、65〜69歳の就業

【図表１　就業率の推移①】

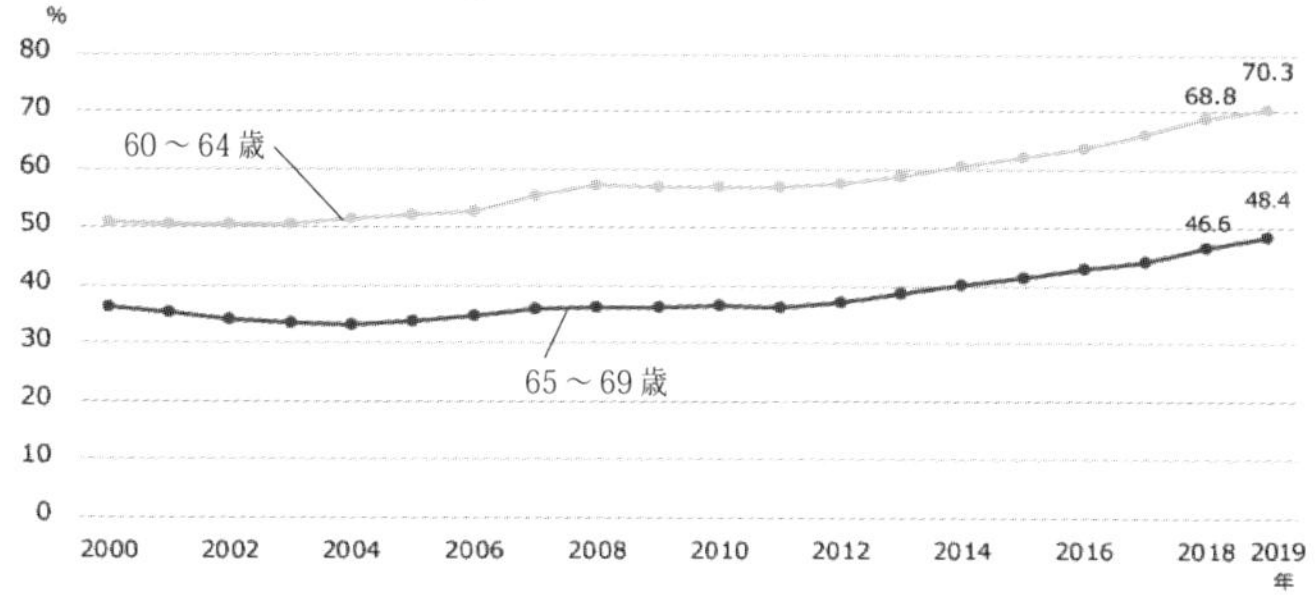

【図表１　就業率の推移②】

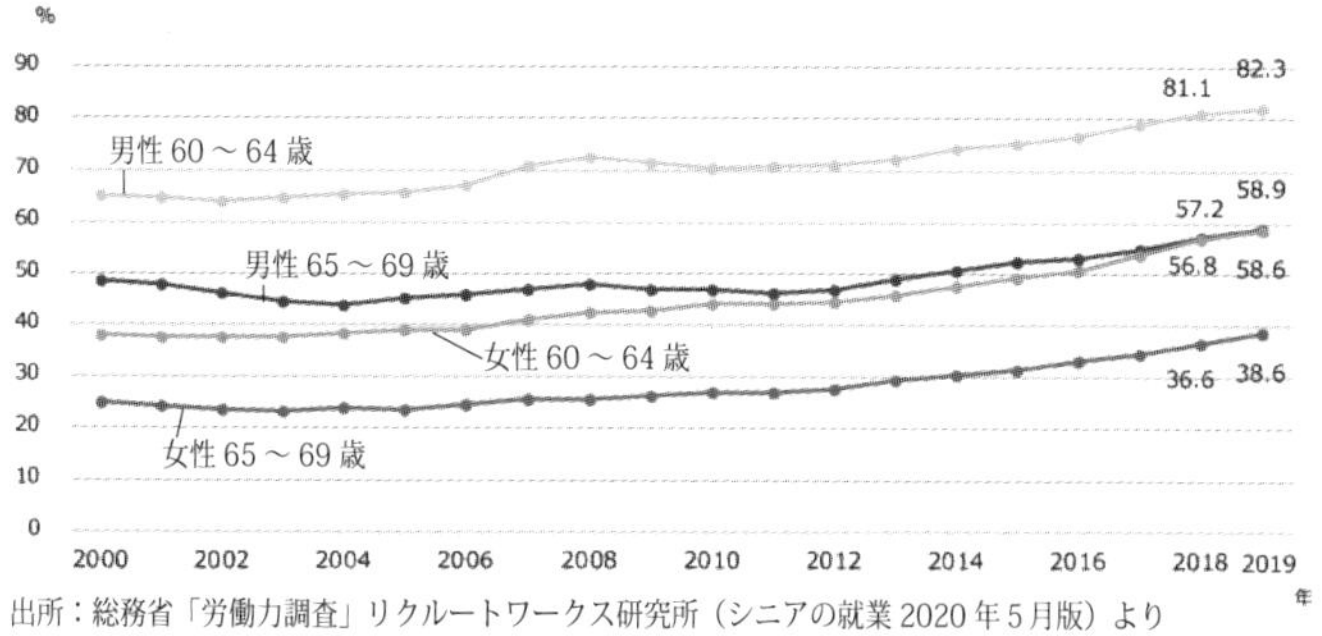

出所：総務省「労働力調査」、リクルートワークス研究所（シニアの就業 2020 年５月版）より

率が48・４％で、８年連続で上昇しています（図表１①）。男女別に見ても高齢者の就業率は上昇傾向です（図表１②）。

やはり、少子超高齢社会における人手不足の影響などで、65歳定年制が急速に定着してきています。意識的にも働けるまで働きたいと思う方々も上昇傾向かと思います。

したがって、ますます多様性のある働き方が求められ、自分に合う定年後の働き方、いわゆるセカンドキャリアの選択肢も増えてくるのではないでしょうか。

ご参考までに、考え得る例を次に挙げさせていただきます。

【選択肢❶】再雇用制度を利用して同じ会社で働く

再雇用制度により、同じ会社で勤務を続けるという選択肢です。

企業努力で65歳までは当たり前に働ける時代になりました。今、勤められている会社なので、改めて仕事を探す必要がなく、手間がかかりません。

ご存知のように雇用形態は、嘱託契約などに切り替わるため、ほとんどの場合給料は下がります。また、従来のポジションどおりにはいかない場合も多く、すべてを受け入れての再スタートになります。

なお、２０２1年4月1日から従来の「高年齢者雇用安定法」の改正により、70歳までが雇用主の努力目標となっています。詳しくは、本章の冒頭の「1　大企業に守られていたことを身をもって知る」をお読みくだされればと思います。

【選択肢❷】思い切って別の会社に転職する

定年を機に心機一転して違う職場で働くという選択肢です。今までの実績、能力、人柄などを買われて友人、知人に誘われるとも限りません。磨いたスキルを生かし、よい条件で雇用されることもあるでしょう。あるいは新たな職種のチャレンジの場ともなります。

ただし、転職活動や新たに人間関係を築かなければならないなど、時間を要することも覚悟しなければなりません。

【選択肢❸】好きなこと、スキルを活かして起業する（事業承継や事業買取りも含む）

私も現在進行形中の選択肢になります。リスクの少ない小規模事業を楽しんでおります。シニアにとって、自分の裁量で働けることがストレスもなくありがたく思います。元気なうちはいつまでも働けます。

最終的判断は、すべてを自分で行うことがメリットと捉えるか、デメリットと捉えるかではないでしょうか。自分を律することも日々大切かと考えます。

【選択肢❹】副業の延長線上で複数の職業で働く

コロナ禍の影響などもあり、最近は副業を認める会社も増えています。その延長線上で、定年後は並行して複数の職場で働く選択肢もあります。

例えば、豊富な実務経験、専門知識、築いてきた人的ネットワークを生かして経済産業省関東経済産業局などが実施している「マネジメントメンター」などの登録制度を利用するのも1つです。

私も関心があります。

【選択肢❺】公式に募集されているボランティア活動を行う

各分野で身につけた専門性を活かしてボランティア活動をする、いわゆるプロボノも選択肢の1つでしょう。

JICA（ジャイカ・独立行政法人国際協力機構）や自治体などが、公式に募集しているシニアボランティアや地域の見守りなど、様々なボランティアに参加し、社会貢献するのも人生において大切なことかも知れません。

もっとも、「自分の食い扶持は…」は、クリアできないかもしれませんが、生活資金ではない、生きがいを求める方には有力だと感じます。

【選択肢❻】すべてを趣味に生きる！　働かない選択肢

人生100年時代、老後の生活資金も豊かな方が趣味に生きる選択肢です。現役時代は仕事が忙しく趣味に打ち込めなかった方、また仕事から解放された定年後だからこそ様々なことに触れ経験して、強烈な趣味に出会うのも生きがいの1つです。

もっとも、この選択肢も「自分の食い扶持は…」については、クリアできない可能性が高いと思われます。

8　組織に長けた人と自営が似合う人

◆勤務先での評価と起業の成功は必ずしも一致しない

「勤務先の社内での評価も低く、責任ある立場で仕事をしていない自分自身が独立しても成功できるわけがない」そんな思いに囚われていませんか？

結論から言いますと、「いいえ」です。それは大きな思い違いです。もちろん、これといった仕事のスキル、あるいは情熱もなく、そのことが影響し評価が低いのなら、独立しても長続きしないかも知れません。

しかしながら、自分が力を発揮できる職場に巡り会えなかったり、プレイヤーとしての能力は高いのにリーダーとしての資質に欠けたりしていることから、責任ある立場で仕事をしていないだけなのです。

大企業で役員、社長まで上り詰めることとは、全体を見る力、数字等の記憶力、分析力がずば抜けている、論理的思考力が高い、現場を想像する力、細部まで目配り、気配り、心配りができる、衆知を集める力、やると決めたら徹底できる統率力、人望など、挙げればきりがないほどに、さすがに凄い能力、人間力を持った人しかできません。私も大企業で一介のサラリーマンでしたが、そのことは日々の仕事の中で痛切に感じたことです。

ただし、日本と世界を見たときに、なぜ日本からＧＡＦＡのような突出した企業が出なくなったのか？　デジタル社会の遅れなど様々な理由はあると思います。昭和の時代は、ベンチャー企業が続々スタートアップし、世界的にも存在感のある日本企業が育ったにもかかわらずです。

現在は、まことに元気がなくなったように見える日本企業です。この項目でお話したいのは、私たちの世代で、協調教育がもたらした悪い面が、企業内で新規事業の芽を潰してきたからではないだろうかと思うわけです。

◆優秀なアイデアを持った変人こそ自営が似合う狩猟民族型

よくサラリーマン社会で、「平」で終わる人は好きなように振る舞う、「部長」で終わる人は上下関係で態度を変える、「役員」まで昇る人は腰が低く懐が深い…と聞いたことがあります。要は、好き勝手なことばかりして協調性はないと言われるけれど、優秀なアイデアを持った変人を活かす多様性に欠けていたのではないかと。

平成から令和にかけての時代は、そんな横並び意識が特に反映されていたのではないでしょうか。もし、そのようなあなたであったとしたら、なおさら自営が似合う典型的な方ですし、自信を持つべきなのです。組織に長けた農耕民族型ではなく、自営が似合う狩猟民族型で間違いないと思います。

シニア起業に踏み出したら、よい意味で自分が好きなように振る舞えるはずです。今まで会社組織で発揮できなかった粗削りな部分こそが、バイタリティとなって活かされるはずです。「周囲との協調性」なんかは、必然的に後からついて来ますのでご心配は無用です。

なぜなら、周囲に生かされない限り事業の継続は叶いません。「周囲との協調性」は、必然として身につかざるを得ないからです。

まずは、あなたのバイタリティを活かすため、新しい道に踏み出すことを考えてもいいのではないでしょうか？

9　最初は会社員時代に成功したことだけを応用して横展開

◆本末転倒にならないために

若い方々が大きなミッション（いつか株式上場させたいなど）を持って起業するのとは違い、シニア起業の場合、残された時間に限りがあります。ですから、一握りのスーパーマンでもない限り、経験もなく新規に参入するような事業はおすすめできません。次の時代を担い、面倒を見てくれる事業承継者でもいたら話は別ですが…。

そのような意味で、シニア起業する場合は、何が起きようとも家族はもちろんのこと、誰にも迷惑をかけることがないようにしておく必要があります。

極端に言えば、このコロナ禍において廃業できるところは、誰にも迷惑をかけずに幕を下ろせた立派な経営者なのです。経営したこともない人が、シニアになって、知らない世界に新規参入すればするほど「人・物・金」を浪費しかねないと思うからです。最終的には、借金があるから続けざるを得ない状況をつくり出してしまう、要は、負のスパイラルに陥りかねません。楽しく仕事をするためにシニア起業したにもかかわらず、重い負担に苛まれて暗い顔で過ごすような人生になってしまっては、本末転倒ではないでしょうか。

私のような一介のサラリーマンが起業して今も続けていられるのは、会社員時代に一定の成功を経験した「確実に着地点が見える仕事」がベースとなり、食い扶持に繋がっているからです。本当にそれだけです。また、会社員時代に数ある失敗を経験させていただいたことが反省材料となり、自分の営業パターンの引出しになっているからに他なりません。

ちなみに、私の起業時からの事業目的キーワードは、豊かな「彩」「奏」「住」の提案と位置づけております。会社員時代に成功したことだけをさらに横展開しています。その中で、「彩」について少し触れてみましょう。

◆成功したことを少しの工夫で横展開

確実に見える仕事として「彩」、ジュエリーがベースです。

これは、7年経った今でも変わっていません。特に、外商・イベント展開が会社員時代に長かっただけに、組み立てやすい仕事と言えます。

独立1年目は、予めご購入くださったお客様を『創業記念おもてなしツアー』と題し、思い切って、赤字覚悟で東京から九州・鹿児島へ2泊3日で無料ご招待しました。

手づくりのツアースケジュールです。すべて個別対応（1組2人〜3人）でお客様をエスコート、結果的にお客様も大変喜ばれて好評を博しました。会社員時代も全国の観光地で宝飾の展示会を開催し、お客様をご招待することはあったものの、旅先で展示会を開催するついでに旅行するという企画でした。完全に旅行だけのおもてなし企画にしたことで、お客様との絆がより深く増す結果となりました。

これも、独立して個人の裁量で可能となったからできたことです。このコロナ禍も影響し、今でも事あるごとに「思い出に残る最高の旅行でしたね」とお客様から話されることがあります。経験則からは、点から線、線から面に派生して、少しの工夫で横展開が可能です。これは、営業に限らず言えることではないかと思います。

シニアの起業には、それまで醸成した豊富な実務経験やスキル、ノウハウ、人的なネットワークなどを活かさない手はないと思います。日本政策金融公庫総合研究所の「シニア起業家の開業」（２０１２年度「新規開業実態調査」）によりますと、「経験を活かした起業」が76・7％、「未経験」が23・３％となっています。何も知らないがまま新しいことにチャレンジし成功したという武勇伝も聞きますが、それは一握りのスーパーマンです。

10　よくも悪くも過去の学びはすべて肥し、過去に感謝しプラス思考で

◆過去の学びはすべて肥し

シニア起業する場合の「心のあり方」は、特に重要ではないか。７年経った今振り返るとそう感じます。

例えば、会社員時代の自分の過去を否定し、それを踏み台に頑張るシニア起業家をお見受けする

場合があります。確かに、何を起爆剤にするかは自由です。でも、あまりおすすめすることではありません。結果的にマイナス要因を呼び込んで、事業継続に至らないことが多いからです。聞き手側にとって共感を覚えることとは思えません。心の奥底にわだかまりとして残っていたとしても、それは自分自身の過去の学びとして、プラスに転じるべきだと思います。

あってはならないのは、会社員時代にあったことの誹謗中傷です。それは、自分の生きてきた過去をすべて否定するようなものです。プラスに転じる心の持ちようは、シニア起業継続の最も大切な根幹です。「潜在意識」というのは、現象として現れるものです。

前述のとおり、私は、決して順調な会社員時代を過ごしたわけではなく、会社にも随分迷惑をかけ、よくクビにならなかったものだと今でも思います。京セラは、面倒見のよい大家族主義的な会社でしたが、勝手に55歳で退職する私は忘れられてもしかたないと思っていました。

もちろん、退職しても好きな会社でしたので、不平不満などはまったくありませんでした。すると不思議なことに、数年が経ち、昔の同僚の仲間が声をかけてくれて、京セラにも取引口座ができるという幸運に恵まれたのです。お陰様で社会的な信用にも結びつきました。

◆「潜在意識にまで透徹する強い持続した願望」と「感謝」は表裏一体

「潜在意識」と言えば、会社員時代の最後に8か月間だけ赴任した福岡で、このようなことがありました。会社で学んできたことに感謝し、定年後、その学びを活かして「政治家」になりたい夢を持つ同僚先輩がおりました。私自身も学びを活かしてシニア起業にチャレンジしようと思っていた時期だっただけに大いに刺激を受けて、お互いに引寄せのような出会いで至極共感を覚え、意気投合したことを記憶しております。

しかしながら、同僚先輩の「政治家になる」という夢は、完全に畑違いで、間違いなく同僚たちのほとんどは半信半疑だったに違いありません。なぜなら、長いサラリーマン人生の仕事尽くめの中で、新興住宅地に住まい、近隣の方々とさえ交流があるはずもありません。ましてや当然のことながら、組織票があるわけでもなく、地方選挙とはいえ、全くゼロからの無謀な船出に見えていたからです。

私が早期退職したあとに、満期定年を数か月後に控えていた同僚先輩は、私のあとを追うように退職、半年しかない地方選挙の準備に取りかかりました。同僚先輩の夢へのチャレンジ、私も選挙期間中、３泊４日で東京から福岡にボランティアで選挙応援に駆けつけました。人生初めての選挙カーに同乗させていただき、手づくりの選挙戦を実感しました。同僚先輩のサラリーマン人生における感謝に基づいた言葉が、拡声器から数々発せられ、それに応えて手を振る市民の皆様の笑顔。後半になり、日増しにその数が増え、市民の心をしっかりと掴んでいったようでした。結果は、当選19人中、19番目に滑り込んだのです。何という夢の実現だったことでしょう！

潜在意識に透徹するほどの願望の成就は、常に過去の「感謝」からしか生まれてこないことを再認識させられた瞬間でもありました。よくも悪くも過去の学びはすべて肥しになるものです。私自身も過去に感謝しプラス思考で活動し続けたく思います。

11　考えながら行動する「知識も大事、行動はもっと大事」

◆スタートアップできない人の主な原因

シニア起業を検討している方から、たまに相談を受けることがあります。その中に、事業計画もしっかりとお持ちなのに、なかなか行動に移されない方がいらっしゃいました。準備周到に知識を蓄積されることなどは、事業を行う前にはとても大切です。ただし、その事業計画をスケジュール化し、行動し、実践できなければ、無意味なものになってしまいます。

サラリーマンからシニア起業する場合に、なかなかスタートできない方のケースを経験則から考察してみます。失敗してはならない大企業の管理社会で長く勤務された方ほど、リスクマネジメントに対する思いが強過ぎて、一歩を踏み出せないのではないかと。

組織上での案件は、稟議回付で最終的に決裁され、行動に移せたわけです。それが当たり前となって稟議が下りた上で、その安心感に満たされてスタートしていたのかもしれません。でも、起業したら、自分の裁量で動けるにもかかわらず、染みついたその意識がブレーキになっているのかもしれません。自縄自縛と申しましょうか。

極端に言いますと、事業計画に縛られることなく、まず自分ができることから動いてみることです。サラリーマン時代の人的ネットワークなどもあります。動くことによって解決できることがほとんどです。机に座って考えているよりも、サラリーマンからシニア起業する場合は、特に必要になる要素が「考えながら行動すること」です。

もともとサラリーマン経験もなく、自営業で一生を全うした方々は、考えながら行動することで「創意工夫」が生まれ、頭の中に事業計画が刷り込まれているのだと感じます。

◆考えながらまずは行動してみることに意義がある

私のシニア起業の原点になっていることがあります。お恥ずかしくもありますが、触れさせていただきます。

私が生まれた１９６０年前後から、鹿児島の実家は零細ながら鶏卵業を営んでおりました。若い頃火災に遭いすべてを失い、学歴もなく、人に使われるのが苦手だった父は、母と二人三脚で、朝から晩まで休む間もなく働き尽くめの人生でした。ちょうど高度成長期が始まった頃で、巨人・大鵬・卵焼きと呼ばれ、今では考えられないほどに「卵」が高価で貴重な時代でもありました。

当時の養鶏農家のほとんどが、青果市場に卸すのが常識の時代で、大規模な養鶏農家であればあるほど効率のよいビジネスモデルであったのです。そのような時代背景にあらがうように、零細な養鶏農家の父は、抜きん出た知恵と行動力で戦いました。

多くの食品小売店を個別に開拓し、ダイレクトに産みたての新鮮な卵をライトバンで配達、お店にも顧客にも喜んでいただくというビジネスモデルを確立しました。卵を産まなくなった老鶏は、脂が落ちて食肉用ブロイラーよりも美味しいため、すべて食肉加工して繁華街の一流料亭などへダイレクトで配達しました。

大手では廃棄する鶏糞さえもビジネス展開し、周囲の養鶏農家から、父に任せればそれこそ捨てるところがなくすべて商売に繋げてしまうと言われたほどでした。現代版〝SDGs〟そのものです。未だスーパーも一般的でない時代、当時のダイエー中内功氏の「流通革命」という言葉が流行する以前の取組みと記憶しています。

事業計画云々も大切ですが、「考えながら行動すること」で、大手が面倒でやりたがらないニッチな部分を発見できるのは、今も昔も不変ではないかと思われます。サラリーマン時代に培われた豊富で貴重な経験をぜひ活かして、半歩でも前へ踏み出して行動することが重要です。フットワークの軽さこそ解決に向かう道となります。

12　若い起業家世代との交流が持てる（意識の活性化）

◆柔軟性を保つために必要なこと

シニア起業して、頭が柔らかくなったような気がしてなりません。起業して7年、何が変わったと言えば、機会さえ求めればフリーランスや連続起業家（いくつもの事業を同時に経営）など様々な業種で活躍する若い世代の方々と交流が持てることです。失敗を恐れずに日々活動する姿と発せられる言葉には、やはり躍動感があります。

サラリーマン時代でも若い世代との交流はあったものの、組織に属する中では、どうしてもその立ち位置をイメージして交流がなされます。しかし、現在は、若かろうが年配であろうが同じ土俵なので、話す目線が常に同じになります。したがって、今どきの若いもんは…という否定的な言葉のイメージではなく、常に「凄い」という肯定的な視点で受け入れられるようになりました。

その反面、彼らは、シニア起業した者に、経験からくる人生観、生き方などに興味を抱き、耳を傾ける姿勢を忘れません。お互いに今から起こり得る将来に向けて、少しでも向上したいからに他なりません。環境の身の置き方で、自分から見える世界がこんなにも変わってくるのかと思うことがあります。

「自分が変われば、すべてが変わる」という言葉をよく耳にします。自分が変わったからといって、すべてが変わるほど世の中は甘くはないし、人に期待するほど厄介なものはありません。この言葉の本質は、自分が変わることによって、自分から見える世界が自分次第で変わるということですね。だからこそ、自分が変わる努力をし続ける必要があるのだと理解しています。

◆意識の活性化は日常生活にもよい影響を与える

実は、若いと言えば、私の30歳になる息子も1昨年前に結婚し、現在フリーランスの作曲家、映像音楽デザイナー、ピアニスト、そして大学の非常勤講師で生計を立てております。彼の大学時代、ここでも親という立ち位置から、現実を直視する厳しい目線でしかありませんでした。フリーランスの音楽家で一生の生計を立てるなんて、ほんの一握りの人だけしかできないことであり、内心危惧しておりました。

特に10年も通った大学でトムとジェリーのカートゥーン音楽を研究していた際、まさか結果的にトムとジェリーで博士号を取得できるとは思いもよりませんでした。諦めない気持ちが持続していたのでしょう。Eテレ「ららら♪クラシック」にゲスト出演するなど、研究者としての一面を持ちながら、現在は周囲の皆様のお蔭で、企業CMなどの仕事にも恵まれているようです。

私自身がシニア起業してから、息子と同世代のフリーランスや起業家の方々と交流していることが、息子に対する理解にも繋がってきているような気がしてなりません。いつか、親子の関係というよりも、同じ仕事目線で杯を交わし、話が盛り上がるときが来るだろうと思っております。

私たちは、同世代の方々と、親の介護を始め、老後の年金、健康、孫のことなどリアルな交流も避けては通れない年齢でもあります。ただ、若い方々の環境の中に身を置くことで、意識が活性化されることは間違いありません。

また、人口減とはいえ、今の若い世代の方々にとっても、逆に競争相手が少なくなる分、活躍の場が広がると思ったほうが、将来に夢が持てるはずです。皆さんもシニア起業したら、若い世代の方々と交流する楽しみが待っていると思っていただければと思います。

13　シニア起業がもたらす視野の広がりと学び（先入観という気づき）

◆一方的な先入観が払拭される充実感

起業して7年の間、８つあるすべての業界、「メーカー」「商社」「小売」「金融」「サービス」「ソフトウエア・通信」「マスコミ」「官公庁・公社・団体」で満遍なく、少なくとも約１５００名の方々と出会うことができました。

サラリーマン時代は、自分自身が担当する業界に精通して活動することから、一芸に秀出るという意味で素晴らしい経験をさせていただいたのは確かです。ただ、自分自身の認識不足と勉強不足から、例えば「官公庁などに勤務される方々は、エリートで、身を粉にして働く必要もなく、休日もしっかり取って、ましてや一生失業の心配もない、本当に羨ましい限りだ」などと、ある意味で皮肉たっぷりの一方的な先入観に囚われていました。

シニア起業してよかったのは、私のような経営者のはしくれでも、いろいろな業界の方々と出会えることにより、自分が思い描いていた恥じるべき先入観が払拭されたことです。視野が広がった、いや今でも現在進行形で広がりつつあると言えます

官公庁で働く方々にしても、地方や国を思い、さらに住みやすく豊かな社会を創るために、日夜身を粉にして働き、大義に燃えていらっしゃる方の言動を知り、その方向性に「はっ」と気づかさ

れたものです。極端に言えば、民間の大企業病に見られる意思決定の遅さなど、大企業の方が逆に官公庁化してきているのではないかと思えるくらいです。一人起業といえども、1人の孤立した考え方に偏るといつか限界にぶつかることを身をもって知ることになりました。

また、この情報化社会において、メディアによる大量の情報と見解が生み出され、社会的にも人々の行動や意思決定に様々な影響をもたらす昨今でもあります。そのような時代であればこそ、多様性の中にビジネスのヒントがあったり、チャンスがあるものです。

しかしながら、メディアの情報よりも、実際に出会って得る一次情報である生の声のほうがはるかに説得力があり、人と交流することによりさらに極上の学びが生まれるものです。

◆東京と九州の二重生活から得た極上の学びと感動

例えば、こんな感動もありました。東京と故郷・鹿児島の二重生活をするうちに、中高生と働く大人の対話型イベント「リアルしごとびと（清風予備校主催）」の社会人講師として依頼を受け、故郷の公立中学校と普通科高校へ伺う機会に恵まれたことがあります。

「進路を考える若者たちに、誇りを持って今の仕事に取り組む大人たちの姿や言葉を伝えていきたい」という予備校さんの素晴らしいボランティア精神、また公務の合間に生徒の将来のために取り組む熱血先生方の存在に、思ってもみなかった共感を覚えたものです。さらに、講師を進めるうちに、生徒さんたちの目のきらきらとした輝きに接し、私のほうが大いなる感動と学びを得ました。

第3章　事業はテーマ選びよりも「できること、好きなこと、やりたいこと重視」がいい

1　若年起業とシニア起業の根本的な違い

◆若年起業のメリットとは

もし、私が20歳代から30歳代に起業していたら、どのような山を目指していたのだろうと思うことがあります。

答えは、間違いなく「エベレスト」だったでしょう。上場などの大きなミッションを掲げ、多くの雇用を創出し、多くの納税をし、社会に貢献するという、夢だけでも大きく持っていただろうと思います。

若年起業のメリットは、失敗を恐れず新しい事業に果敢に挑戦する躍動感、そして、万が一失敗したとしても何よりも心身ともにリベンジするパワーと時間があることでしょう。若いうちに経営者としての経験を積むことは、その蓄積から将来的にも優位に立てて、大きなミッションを遂行できるチャンスも広がります。

その反面、私のように一介のサラリーマンが、シニア起業する場合、はっきり言って身銭を切って無謀な高い山などに登る必要は全くありません。そんな能力があったとしたら、既に勤務していた会社で社長か、役員くらいにはなれていたはずです。恐らく皆さんもそのように思っていらっしゃると思います。

◆シニア起業のメリットとは

「起業」と聞くと、別世界のことと思われがちです。最初に申し上げましたように、私の中にあるシニア起業は、肩ひじを張らずに、好きなことで、年金＋小さく稼いで社会貢献していくスタイルです。言わばグライダーのように省力化しながら、70歳、80歳…と楽しく元気で長い人生を滑走したい。そのようなイメージを実践している1人に他なりません。

ですから、大きな年商、売上目標を掲げる必要もありません。その方に合った裁量で、手の届く目標でよいのです。

例えば、物販であれば、ご自分の損益分岐点を決めた上で、年商３００万円、５００万円、１,０００万円…のボリュームくらいから考えてみてくだされればと思います。「このくらいだったら私にもできる！」と、かなり気が楽になられると思います。売上ボリュームよりも小さな利益で、地道に継続することこそが大切と考えます。

中小企業庁の「中小企業白書２０１７」の「中小企業のライフサイクル」によりますと、起業後５年の生存率は81・７％と意外にも高い数値になっています（https://www.chusho.meti.go.jp/pamflet/hakusyo/H29/PDF/chusho/04Hakusyo_part2_chap1_web.pdf）。

◆キャッシュフロー（お金の流れ）を押える

シニア起業して、万が一失敗してもやり直せばよいなどと、無責任な話をされる著名な方もいらっしゃいます。それは、私の経験から言いますと大きな勘違いです。生意気な言い方ですが、シニア起業でやり直すほどのことを最初からやらなければよいのです。

シンプルにお話しますと、事業には金銭の出入りがつきものです。当然ながら、キャッシュフロー（お金の流れ）だけは、しっかりと押えておくべきでしょう。また、巷には、創業時に受けられる融資制度が多く、運転資金が足りなくなるときのことを考え、融資を受けることを当たり前のように話される方も多いです。確かに設備投資など必要な業種によっては、必要不可欠ですし、大切なことだと思います。

しかし、サラリーマンからシニア起業される場合は、安易に融資を受けないことが賢明と言えます。どうしても必要な場合は、公的な補助金、助成金などの採択を受けられることをおすすめします。

2　社会貢献という自己満足

◆人生は恩返し

人間というのは不思議なもので、年齢を重ねるとともに、人のお役に立ちたいという思いが高まってくるのです。それは、持って生まれたある種の性《さが》でしょうか？　これは、名誉とかいう次元とはまた違うもの。人間生来の自然な姿なのではないかと思います。

「人生は恩返し」と、山口県で行方不明児を発見した尾畠春夫さん。その後、ボランティア活動の一挙手一投足をニュースで拝見する度に、その純粋な言動に、私だけではなく多くの皆様が感動を覚え、心を洗われたと思います。まさに、性善説の生き方そのものを全うされていらっしゃいます。

年齢とともにその人の持つ人間性は顔に表れるといわれますが、尾畠さんの優しさに包まれた笑顔にはオーラさえ感じられます。

◆社会貢献の定義

社会貢献の定義を調べてみますと、大きく分けて2つ存在するようです。ボランティア活動のように、初めから社会のためになることを目的として行う直接的な社会貢献もあれば、企業活動のように、ある種の事業や行為が結果として社会によい結果をもたらす間接的な社会貢献もあります。

尾畠さんは、大分県で生まれ、貧しかった幼少期、小学生の頃から農家に奉公に出されたくらいでした。中学校を卒業された後、各地の鮮魚店に弟子入りし、10年間の修行を積まれたそうです。そして、自分の店を持つ決心を固めて向かった高度成長期時代の東京。鳶職として働き、3年かけて資金を貯め、29歳で大分県に戻り、鮮魚店を36年間営まれたとのことです（尾畠さんの経歴は、FNSドキュメンタリー大賞2019より抜粋要約）。

世間にお世話になったと、幼少期から事業された65歳までの感謝の恩返し。年齢を重ねてからの直接的なボランティア活動で尾畠さんがその人生を捧げていらっしゃることを考えると、「社会貢献」の2つの定義の完全型ともいえる歩み方といえます。いや、定義云々というより、理屈では語れない実体験から生まれた、「働く」ことによる美しい姿と感じます。

◆「自利」と「利他」のバランス

若年、ミドル、シニアにかかわらず、起業の動機は様々です。自然な流れからいえば、「金儲けしてお金持になりたい」というのも正直なところでしょう。

世の中を見渡しますと、「自利」で始めた起業が、長年の経営のうちに「利他」を重視している多くの経営者の方々をお見かけします。成功者として素晴らしいことではないでしょうか。

ちなみに最近では、よくCSR（企業としての社会的責任、社会貢献活動）という言葉が聞かれるようになり、企業全体でも地域との関わりを重視した清掃活動など、直接のボランティア活動が実施されています。

シニア起業のメリットは、サラリーマン時代に培ったスキルを活かし、好きなことやりたいことを重視して、無理せず働きながら、お客様に喜ばれたり、微力ながら納税したりと、元気であればいつまでも社会と関われることです。そのちょっとした達成感は、自己満足の何ものでもありません。事業継続の意味で「社会貢献」は、大切なキーワードとなります。

ことし82歳になられる尾畠さんのように、自ら被災地などに出かけ、崇高な精神で活動されるスーパーボランティアまでも行かなくとも、仕事を通じて間接的に社会貢献できることは、たくさんあると思います。私も、青少年時代に育てていただいた国際的な社会奉仕団体、ロータリークラブ(Rotary

Club）へひょんなご縁からに入会することになり、その恩返しに仕事と両立させて、シニア起業後、できることから奉仕活動に取り組みたく思っております。

3　学んだスキルを活かす（経験則）

◆スキルの延長線上にビジョンが持てる

結論から申し上げますと、シニア起業する人にとって、長年勤務して培われたスキルを活かすことが一番の近道であること、それは間違いのない事実です。使命感、いわゆるミッションもそのスキルの延長線上で組み立てやすいのではないかと思います。

また、シニアといえども、継続のためにはご自分の今後やりたい理想像、ビジョンもなければ、日々が楽しくありません。まずは、そのスキルという食い扶持をベースに活かすことで、今後やりたいことにも夢が持て、心の余裕ができるからです。

経験則に胡坐《あぐら》をかいて頑固になっているのとはまた意味も違います。その反面、シニア起業でも、未経験の事業をゼロから出発して、何も知らなかったからこそ逆に成功されたような一握りのスーパーマンの夢物語を書こうとも思いません。

ここでは、ごく普通のサラリーマンとして長年勤務されて身につけられたスキル、それは与えられた仕事、あるいは自ら望んで配属された仕事の延長線上で得られたものです。

その過程において苦労されて掘り下げられたものであったり、失敗の上に成り立ったものであったり、喜怒哀楽に満ちた様々な経験によって精通されたものだと感じます。だからこそ、ベースに成り得るあなたの財産なのです。

折角のスキルも、途中で止めてしまうと過去の産物になってしまいます。継続し、磨き続けることで輝くものです。ぜひ大切になさってください。

また、シニア起業でやってみたいからといって、未経験の事業をゼロから出発してそれを食い扶持にしようなんて、火中の栗を拾いに行くようなものです。そのような場合は、学んだスキルを「ミッション」にして、今後やりたいことととして「ビジョン」にされることをおすすめいたします。

◆ミッションとビジョンの組立て方の例

ちなみに、私の会社を例にとってみます。

２０１５年に法人設立登記した際の事業概要は、❶ジュエリー・生活雑貨の企画および販売、❷イベント&催事の企画および運営です。サラリーマン時代に長年にわたり学んだスキル「ジュエリー販売」を事業の柱として、銀座を拠点に外商並びにイベント販売しております。ミッションは、「お客様の笑顔をつくる付加価値を創出すること」としました。食い扶持としてのベースとなっており、創業から7年経った今でも変わっておりません。

また、やりたいことを含めたビジョンを、当初から「豊かな彩・奏・住のご提案」として織り込んでいます。「彩」を通じてお客様に夢をお届けしたい、「奏」を通じてお客様に癒やしをお届けしたい、「住」を通じてお客様に快適空間をお届けしたい…という潜在意識にある願望でもあります。

「彩」はベースとしてのジュエリー、「奏」は好きなクラシック音楽など、「住」は世界のアーティストによる芸術的な調度品などを意味しております。これは、シニア起業する際に、①自分にできること、②好きなこと、③やりたいことを書き出して明確にしたことです。

現在は、ジュエリーだけではなく、ささやかながらやりたかった芸術的な調度品を世界のアーティスト（薩摩切子、ドイツマイセン在住グラヴィール作家など）の方々と直接契約して、オリジナル作品の販売も手がけられるようになりました。

シニア起業される方にとって、サラリーマン時代に学ばれたスキルは財産です。それをベースにして、今後やりたいことも可能にできると思います。

4　好きなこと、やりたいこと（持続性）

◆好きなことほど苦にならない

好きなことほど苦にならないものです。皆さんの身近に、仕事＝趣味のような生き方をされている経営者がいらっしゃるのではないでしょうか？　好きだから、ストレスも溜らないでしょうし、いつも生き生きして笑顔が絶えません。周囲から、朝から晩まであんなに働いて大丈夫なのだろうか？ と心配されても、ご本人は至ってお元気そのものなのです。

もちろん、健康管理もしっかりされています。そして、「仕事が好きだから」と答えるでしょう。しかし、ここで明確にしておきたいことは、「夢中になったこと」がなければ、単に好きだからと言って仕事として持続するものではないことです。

前項目で自分にできること（学んだスキルを生かす）が食い扶持のベースとなったとしても、次のステップとしてのビジョンがなければ楽しくないとお話しました。そこで「好きなこと」をビジョンとして織り込むことにより、持続性が増すのも事実です。

例えば、私の場合、事業目的のビジョンである「豊かな彩・奏・住のご提案」の中で、2つ目の「奏」＝音楽がその部分に当たります。これは、趣味的要素も含んだ「好きなこと」を織り込んでいます。ジュエリー販売と音楽のコラボなどと「絵」も描けていることもあり、今後お客様の笑顔をつくる意味でも楽しみでなりません。好きなことがすぐに事業に繋がるとは限りませんが、ささやかでも実現可能なビジョンとして織り込むことは大切です。

◆遠い夢でもいつか実現したい「やりたいこと」

次に、「やりたいこと」について、私の考えを述べさせていただきます。ここでは、「好きなこと」と同じようでも、「やりたいこと」には大きな違いが存在します。

好きなことは、〝体験はあるけれど実際に仕事として取り組んだことがないこと〟です。一方、やりたいことは〝どちらともないこと〟です。起業したらやってみたいという願望です。夢といったほうがよいのかも知れません。私の場合、ビジョンとして織り込んで正解だったと思っています。

私の事業目的の中では、３つ目に当たる「住」＝世界のアーティストによる芸術的な調度品の直輸入などが、「やりたいこと」に当たります。遠い夢でも、いつか実現できれば、「お客様の笑顔をつくる付加価値を創出する」というミッションにも相通じると考えておりました。

また、サラリーマン時代に国内営業の経験しかなかったので、せっかくの同じ人生、シニアからでも遅くない、グローバルな視点も醸成したいと思ったからに他なりません。

◆いつも思い続けるとアンテナが働く

いつも思い続けておりますと、今まで見逃していた自分のアンテナが気づきとして味方するときが訪れるものです。人様のご縁のお陰で、繋がりが連鎖するうちに、思いがけず具現化することがあります。引寄せのようなものでしょうか。

前述のとおり、海外のアーティストとの直取引も一部始まっております。サラリーマン時代に京セラで学んだ「潜在意識に透徹するほどの強い願望を持ち続けること」を思い出させる現象でもありました。

シニア起業は、ゼロからのテーマ選びよりも、第一に学んだスキルをもとに、できることを食い扶持のベースにし、第二に比較的実現可能な好きなことを直近のビジョンとして掲げ、第三に遠い夢でも実現したい、やりたいことを明確化することです。それを引っ張るのがミッション、大義となります。楽しみながら長く働くためのご参考になれば幸いです。

5 お客様目線のニーズを大切にする（市場性）

◆商品ありきの営業だけでは不快感を与える

シニア起業する人にとって一番重要な生命線は、これ（お客様目線のニーズ）です。ミッション、できること、好きなこと、やりたいことがすべて明確になり、持続可能なビジョンがあったとしても、それはあくまでも自分から見た目標です。最終的にそれを必要とするお客様が存在しなければ、仕事として成立しません。

極論を申し上げますと、お客様さえ存在してくれたら、全方向どのような仕事でも商品・サービスの提供の可能性が広がります。何でもできる強みということになりますね。

この項目では、その大切なお客様と長いお付合いをするために、お客様目線のニーズについてお話します。長年会社勤務をされた皆さんにおいても、多種多様な業界でスキルを磨き、商品・サービスを提供してこられたと思います。よって、ここで烏滸《おこ》がましくも専門的なマーケティングの話をしようとは毛頭考えておりません。

ただ、私のようなジュエリー業界で提案型営業を行う人間が、起業して注意していることをお話します。それは、「お客様が欲してないものを〝押売り〟していないか?」、その1点に尽きます。

若いときであれば、商品ありきの説明でも、お客様もその熱心さの一途な姿にキュンとして購入してくださった頃もありました。しかし、シニアになって、商品ありきで熱心に説明されても、逆にお客様が怖がりドン引きされないとも限りません。

また、お客様にとって欲してもない商品をいつまでも長々と説明されるほど不快感を覚えることはありません。

◆お客様の声に耳をそばだてる信頼関係

さらに、今の世の中は、物質的にも豊かで満たされる時代にもなりました。必要な商品・サービスは、いつでもどこでも、誰でも購入できるような環境が整備されています。その反面、個々の生き方や、嗜好などが多様化してきていることも否めません。だからこそ、個々のお客様のニーズに耳をそばだてて対応する必要があります。従来の商品やサービスでは、大手、競合他社の魅力的な商品やサービスにお客様が流出してしまう危険性があるからです。

私たちシニアにとっての強みは、長年の経験則に培われた安心感、またお客様の細かい要望に〝耳をそばだてて対応できる信頼関係〟ではないかと思います。お客様の声そのものがマーケティングに繋がると言っても過言ではありません。大手や競合他社がやりたがらないことを、シニアの経験豊富な独自性を生かして、ニッチな商品・サービスに特化するのも1つの方法かと考えます。

【図表２　「３つの円」で具体的なビジネスを探す】

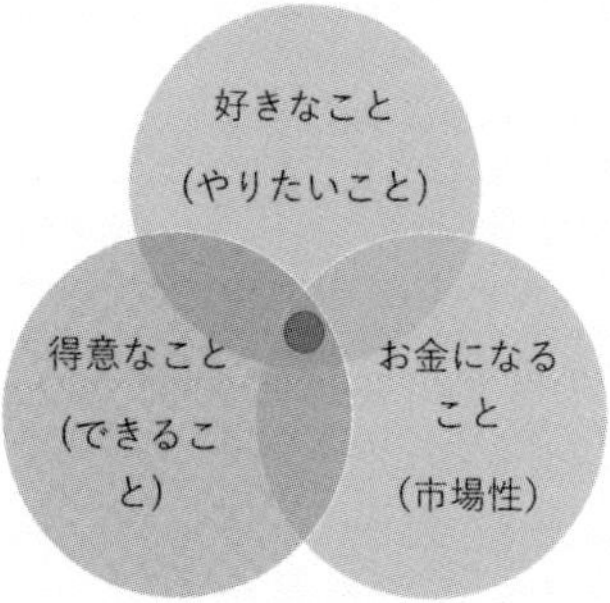

出所：片桐実央著「50歳からの人生が楽しくなる仕事カタログ」より。

直近の3項目で触れた、①学んだスキルを生かす、②好きなこと、やりたいこと、③お客様目線のニーズは、事業継続の意味で、今でもぶれない私の肝になっている部分です。

◆共感を覚えた３つの円

シニア起業後、レンタルオフィス利用などでお世話になっている、銀座セカンドライフ㈱代表の片桐実央氏の著書「50歳からの人生が楽しくなる仕事カタログ」（マガジンハウス社刊）の中にも、私自身、起業前から思っていたことと総じて重なる部分が多く、とても共感を覚えたことがあります。オフィスとしてご縁があったのもまるで引き寄せのような出来事でした。ぜひとも参考にしていただきたく、ここにご紹介したく思います。

図表2の3つの円「得意なこと（できること）」「好きなこと（やりたいこと）」「お金になること（市場性）」とありますが、片桐さんが仰るには、この3つが重なる部分で起業すると成功する確率が高くなるとのことです。

6　仕事があるだけでありがたいと思う

◆記憶に残る心に響いたメール

起業した当時、新規のお客様がお取引をくださっているにもかかわらず、加工先、仕入先が完全に整っておらず、苦労した時期がありました。当初から勤務時代にお世話になった仕入先に私から顔を出すことは、道義上、避けたほうがよいと自分の中で判断していたからです。そのようなときに、思ってもみない風の便りが届きました。桜咲く２０１５年の４月６日、今でも忘れることができないとても心に響いたメールの内容でした。

「上水樽様　正式に立上げをされたようですね、おめでとうございます。ダイヤ製品少量ですが金庫に眠っているのがあります。よければ使ってください。売れなくても構いませんよ。○田」。この短い文章の中に、どれだけの心の温かさ、心配り、気配り、優しさ、寛大さ、品格を感じたことでしょう。今でもこのメールを拝見する度に、目頭が熱くなることがあります。

ご存知のように、ジュエリーは、材料に金、プラチナなどを使う貴金属となり、金目そのものです。このメールで仰っていることは、「現金を無償でお貸ししますから、使った分だけ、あとでよいので返してくだされば結構です。そのまま返してもらっても構いません。もちろん、金利も何も必要ありません…」と言うのと同じことです。

起業した当初、サラリーマン時代の金看板がなくなった中、これほど人様のありがたみを感じ、心の琴線に触れたことはありませんでした。

◆時間・労力を必要とするゼロからのテーマ選び

「仕事があるだけでありがたいと思う」—なぜ、ここで取り上げたかには、その理由も存在します。ゼロからテーマ選びして起業するためには、その業界にゼロから足を踏み入れてマーケティングから始めることになります。要は、お客様の求めている商品、サービスを調査し、供給する商品や販売活動の方法などを決定し、仕入から流通までをすべて確定しなければなりません。

タイムスケジュールに落とし込むとかなりの時間がかかり、スタートアップするまでの労力も相当な負荷がかかります。

私がすぐにスタートできたのも、過去の勤務時代の人的ネットワークに救われたことにあります。忙しさにかまけて、些細な仕事をないがしろにしていると、そのようなネットワークはできません。常に仕事があるだけでもありがたいと思う習慣を身につけて行動したく思います。

◆シニア起業家の開業準備期間は平均6・1か月

さて、シニア起業には、皆さんどれぐらい準備期間を取られているのでしょうか？　日本政策金融公庫総合研究所によると、シニア起業家の開業準備期間の平均は、6・1か月となっており、他

【図表3　開業準備期間】　単位：%

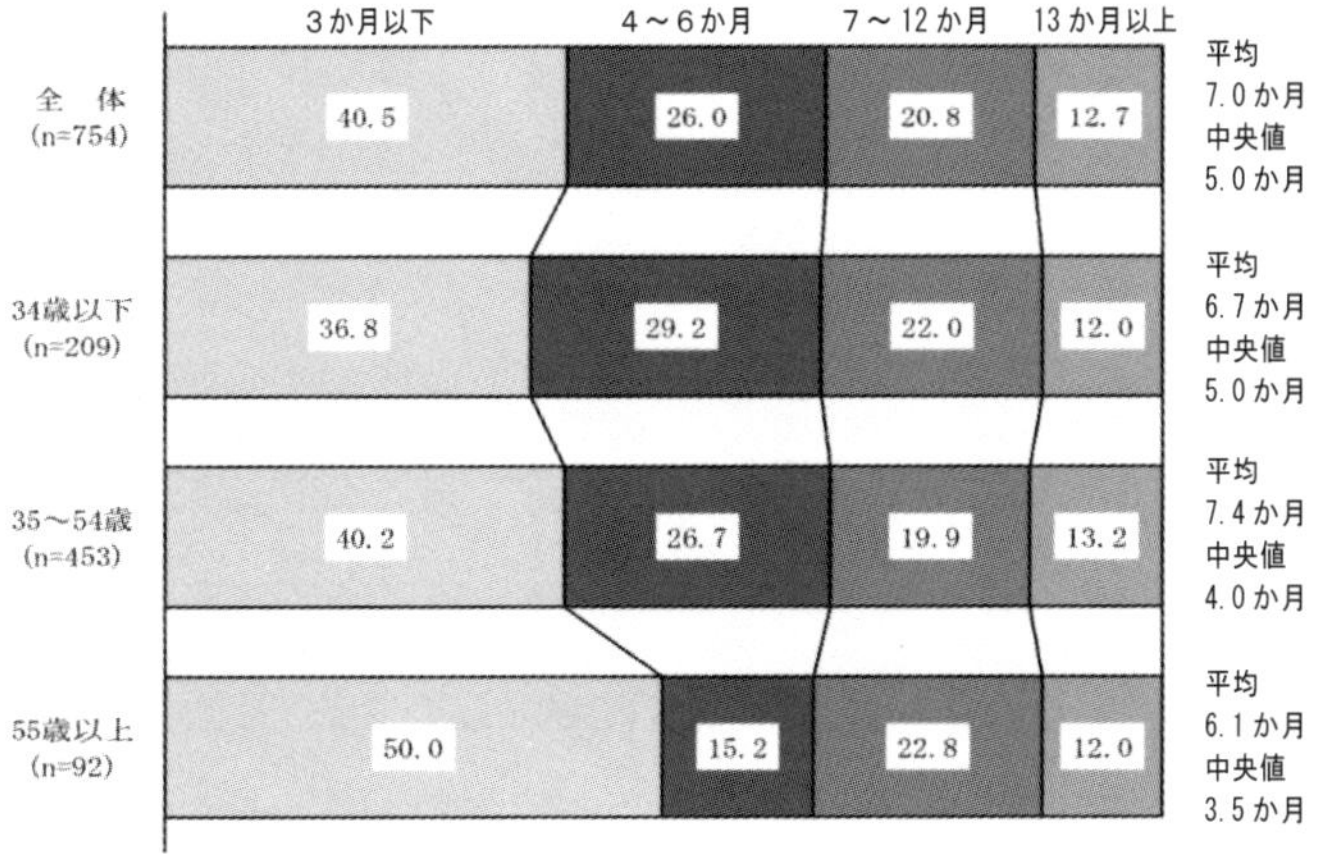

出所：日本政策金融公庫総合研究所・2012年「シニア起業家の新規開業実態調査」より。

の年齢層と比べてやや短くなっております（図表3）。

開業準備期間とは、具体的な開業準備（場所の検討、取引先の探索、求人活動など）を始めてから事業を開始する期間になりますが、このデータから過去の経験スキルを生かされる方が多く、スタートアップも早くできることを物語っていると考えます。

◆シニア起業家の開業直前の勤務年数は21年以上が多い

また、開業直前の勤務先での勤務年数を見ると、シニア起業家では「21年以上」が44・2％とほぼ半数に達しています（図表4）。

これに対して、「5年以下」は24・7％にとどまっており、多くのシニア起業家は、開業直前の勤務先に長く勤めていたことになります。

私も33年勤めておりましたので、このデータに頷

【図表4　開業直前の勤務先での勤続年数】　単位：%

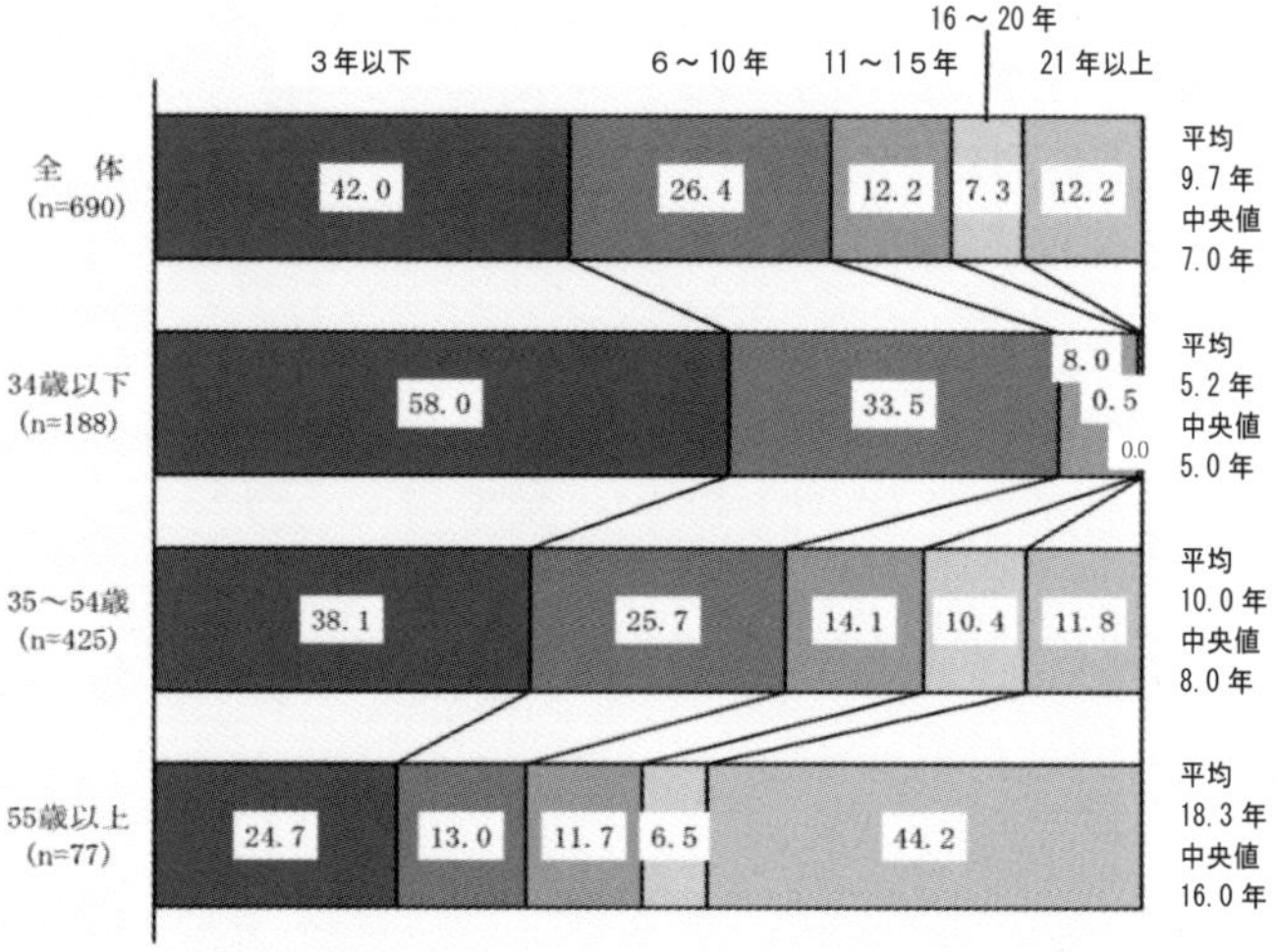

出所：日本政策金融公庫総合研究所・2012年「シニア起業家の新規開業実態調査」より。

ける部分があり、何らかの経験を生かされている方が多いと推察しております。

7　会社員時代に築いた商流を生かす

◆夕刊フジ「定年起業への挑戦」記事から

この項目のタイトルは、産経新聞社が発行するビジネスマン向けの「夕刊フジ」に7年間にわたって連載されたコラム、「定年起業への挑戦」のタイトルをお借りしました。

今から3年ほど前に、夕刊フジ定年起業応援サロン主催の読者座談会が開催された際に、ゲストとしてお迎えいただき、拙いシニア起業体験をお話させていただきました。

会社員時代に築いた商流を生かすことは、スタートアップが早く、心の余裕もできるので、視界が良好で周囲が見渡せるというメ

【図表５　主催イベント企画（業界を越えたタイアップ企画)】

リットがあります。ただし、過去の成功体験に酔ってしまい、頑なまでにこだわると、周囲のアドバイスに耳を傾けず、世の中の変化についていけないこともあり得ます。当然「過信」というデメリットも背中合せになります。

そこで、私の場合も、ジュエリー業界の商流だけに固執し過ぎないように、他の業界とタイアップすることにより、柔軟性を取り入れながら、主催イベント等の実施に努めるように心がけております（図表５参照）。

常に謙虚な低姿勢で、他業界のお力も借りながらグライダーのように長時間飛行するイメージを頭に持ち続けたいものです。

◆シニア起業家の斯業経験年数平均は、17・８年と長い

長年経験した商流を生かしている興味深いデー

【図表6　起業家の過去の斯業経験（現在の事業に関連する仕事の経験年数）】単位：%

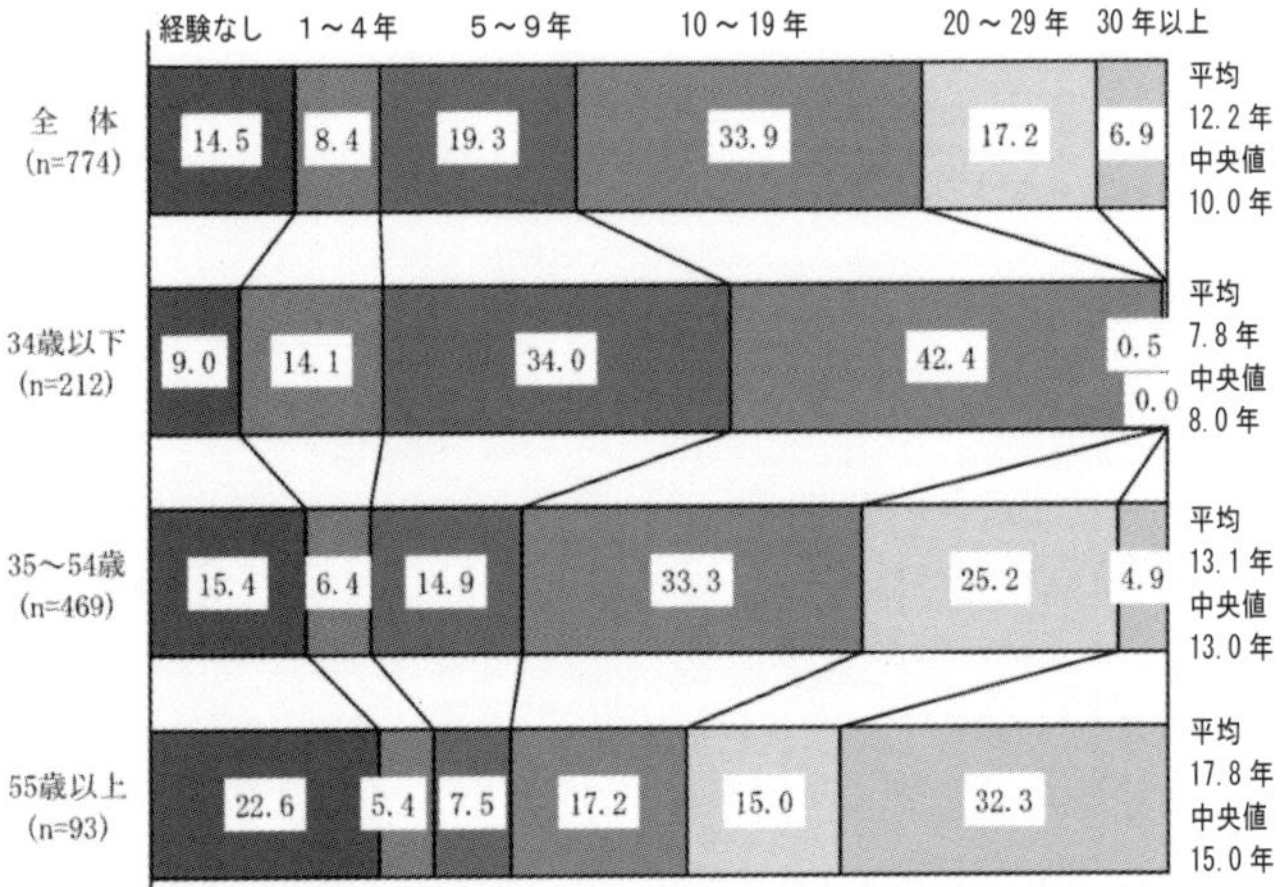

出所：日本政策金融公庫総合研究所・2012年「シニア起業家の新規開業実態調査」より。

タがあります。

「斯業経験年数（現在の事業に関連する仕事の経験年数）」（図表6参照）の平均は、シニア起業家では17・8年と他の年齢層よりも長く、分布を見ても「30年以上」が32・3％となっています。やはり、会社員時代の商流を生かす割合がデータ的にも高くなっています。

その反面、「経験なし」の割合も22・6％と、他の年齢層よりも高いのです。長い経験を生かした開業がある一方、未経験分野での開業も見られる実態があります。

8　1人経営で省力化

◆ローリスク、ローリターンの経営

若年起業、ミドル起業を目指す人の場合は、雇用を創出し…と大きなビジョンを掲げること

は素晴らしいことだと感じます。雇用は、企業の義務、役割であり、社会貢献にも繋がるのはご存知のとおりです。しかしながら、これからのシニア起業が必要とされるのは、それだけが社会貢献の役割ではないと思います。

要は、人口減少、労働力不足を担う人生100年時代のシニアという考え方です。雇用されない、雇用できない働き手も充分に必要とされる時代になるからです。したがって、会社を大きくすることよりも、「1人経営」して、元気なうちは長く働き続けるのも、役割の1つになると考えます。いわば、ローリスク、ローリターンの経営と言ってもよいでしょう。

実際に、ITの進化などにより、人手が必要であった経理管理業務も、どこからでもスマホ、パソコンなどのアプリで入出金、振込み、回収作業などが可能です。弥生会計など経理ソフトなども充実しており、隙間時間に外出先で処理できます。電話対応も、秘書契約すれば格安で様々なサービスが受けられます。タイムリーな用件は、スマホに連絡が入るのでビジネスの機会損失もありません。

さらに、余計な勧誘なども、電話対応でシャットアウトできて煩わしさもありません。イベントなど販売員の方が必要な場合は、アウトソーシングを活用して業務委託、アルバイトをお願いすれば充分に「1人経営」できる時代なのです。したがって、人件費は、固定費ではなく変動費という捉え方になります。

サラリーマンの場合、「給料は、どこからいただいてますか?」と質問されますと、間接部門の方々は、単純に「会社から」と回答されることが多いでしょう。一呼吸おいて賢い答え方をしなくてはと「お客様から」となるのではないでしょうか。確かに、普通のサラリーマンですと、現実的に給料は勤務先1箇所からいただきますね。しかし、起業したら、単純に言ってそのお客様の取引先数に応じていただくことになります。

◆意識的にリスクを分散する時代

例えば、年収600万円の民間企業サラリーマンと、取引先10社で年商600万円の1人経営者の場合、どちらが「リスクが小さい」と思われますか？　起業7年になる私は、自分自身で経営しているために、後者の取引先10社で年商600万円のほうが「リスクが小さい」と捉えたく思います。それは、10社のうち1社から入らなくなったと仮定しても、1社の収入が目減りするだけのことだからです。年商600万円から得る報酬は、必ずしも多くはないでしょうが、それは、欲張らず、長年低空飛行さえ続ければ結果的な蓄積は同じかと判断しています。

不透明な先行きもあり、日本の雇用制度も大きく変化し、副業を奨励する企業さえ増えております。サラリーマンの皆さんも、複数から給料をいただき、リスクを分散する時代になると考えてみてもよいでしょう。シニア起業する際にもスムーズに移行できる手段にもなり得ます。

1人経営で大事なことは、実務もすべて自分でやってみることです。自分がわかってないことを人に頼るのは言語道断です。また、並行して自分の能力を高めることも重要ではありますが、最終的には、自分自身で可能な仕事の量に調整すべきなのです。

もちろん、労力をかけずに売上が増えた場合は結果オーライですが、ストレスを溜めない程度に抑えることが大事です。辛さを乗り越えるような仕事は、既にサラリーマン時代で卒業です。

9　体力面で無理をしない

◆至れり尽くせりの会社員時代の健康管理

せっかく起業しても、健康面の自己管理ができなければ意味がありません。体力の温存は必須です。

私も、会社員時代は、定期的な健康診断に守られ、半強制的に受診する状況でした。また、各事業所には保健室が設けられ、産業医の先生が待機して、随時、健康相談まで受けられる環境で、本当に至れり尽くせりのありがたい対応に感謝しかありませんでした。お陰様で病も未然に防げたこともあり、勤務33年間で病院に入院したことは1度もありませんでした。

ちなみに、最後の赴任地となった九州営業所で、産業医の先生からいただいた的を射た言葉も忘れることができません。それは、ちょうど退職を検討していた頃で、健康相談の順番が回ってきて、保健室で先生とストレス社会のテーマで話が盛り上がったときのことです。どこの大企業でも隠れうつ病が増えてきている現状を話された際に、自分自身の適性について単刀直入に質問してみました。

先生から、「上水樽さんは、どんなことがあろうともうつ病になるタイプでもないし、組織人間というよりも自営業でバリバリ働くタイプだと思います。そのほうが成功すると思いますよ…」と冗談交じりの言葉が偶然にも背中を押してくださることとなり、結果的に起業するきっかけの1つになったのも確かです。

◆会社員時代の産業医の先生が主治医に

起業後は、自分を律する意味合いでも、健康チェックには余念がありません。会社員時代に幸いにも30年以上にわたり産業医でお世話になった先生が、起業後も主治医となってくださっています。今、思うに、労働組合の支部長を一時期経験させていただき、組合員の健康上の問題などで産業医の先生とコミュニケーションを図れたことも、今になって功を奏しました。

お陰様で2か月に1回、健康チェックをお願いしています。ありがたいことに、私の身体を知り尽くされているのでとても安心感があります。産業医の先生も様々で、一概に言えませんが、長年勤務している会社の産業医の先生は、大切にされたほうがよいかと思います。その後の健康管理でも親身になってくださり、サラリーマンから起業する役得と言えます。

コロナ禍のお陰で、在宅が増えた分、料理が好きになった男性の方も多いのではないかと推察します。私もその1人ですが、栄養のバランスを自ら注意するようになりました。適度な運動も大切ですね。私は、もともと外勤営業マンであることが影響しているのですが、歩くことが好きで、今でも1日平均して10㎞～15㎞は少なくともウォーキングを心がけています。

◆体力面の温存のために

主治医の先生からも、シニアにとって有酸素運動が大切とすすめられています。睡眠時間も大切にしておりますが、最近はスマートウオッチとスマホと連携させて日々の健康管理がデータ把握できるのも便利な時代になりましたね。私も自分自身の目安として重宝しております。

厚生労働省が推進する「スマート・ライフ・プロジェクト」という健康寿命を延ばすための3つのアクションプランがあります。具体的には、①運動↓毎日10分の習慣、②食生活↓1日350gの野菜を摂取、③禁煙の促進です。この3つだけの実行から始めてもよいのではないでしょうか。

まずは、可能な健康管理と体力面で無理をせず、精神的にもポジティブな思考で、免疫力を高めて長く楽しく働きたいものです。

10　借金をしない

◆起業前の意識調査では資金面の問題リスクが高い

サラリーマンからシニア起業する人のほとんどは、子どもも社会人となり独立し、住宅ローンも完済、あるいは完済間近とか、お金にかかわる家族の大きな出費がある程度見えてきた方が多いのではないでしょうか。したがって、借金してまでも起業する必要もなく、自己資金で賄えるのであれば起業してみたいと思っている方々が大半で、自然の流れかと思います。私も同じでした。

ちなみに、２０２1年2月に実施された「２０２０年起業と起業意識に関する」調査によりますと、未だ起業していない理由として、「失敗したときのリスクが大きい」と回答した人に尋ねた設問の結果は図表7のようになっています。

ご覧のとおり、起業のリスクとして資金面の問題を挙げる割合が高いことを示しています。その内容は、「事業に投下した資金を失うこと」76・3％が最も多く、「安定した収入を失うこと」72・4％、「借金や個人保証を抱えること」68・2％と続いています。起業費用や収入、借入れといった資金面の問題をリスクとして考えている割合が現実として高いのがわかります。

◆自己資金だけで起業する割合が高い

さらに、図表8からわかるように、その起業費用は、「50万円未満」とする割合が30・2％と最も高く、「費用はかからなかった」の25・1％がそれに続いています。

また、重要なことは、起業費用に占める自己資金の割合が「１００％（自己資金だけで起業）」である割合は75・2％です。これは18歳から69歳までの男女が調査対象となっていますが、55歳からのシニア起業であれば、もっと自己資金の割合は高くなると考えられます。

金銭面で借金をすることなく起業できている現状を見ますと、起業しやすい環境になってきているのも確かだと感じます。大切なのは、借金せずにシニア起業を楽しみながら継続する1点に尽きるのではないでしょうか。

【図表７　2020年度起業と企業意識に関する調査①】単位：％

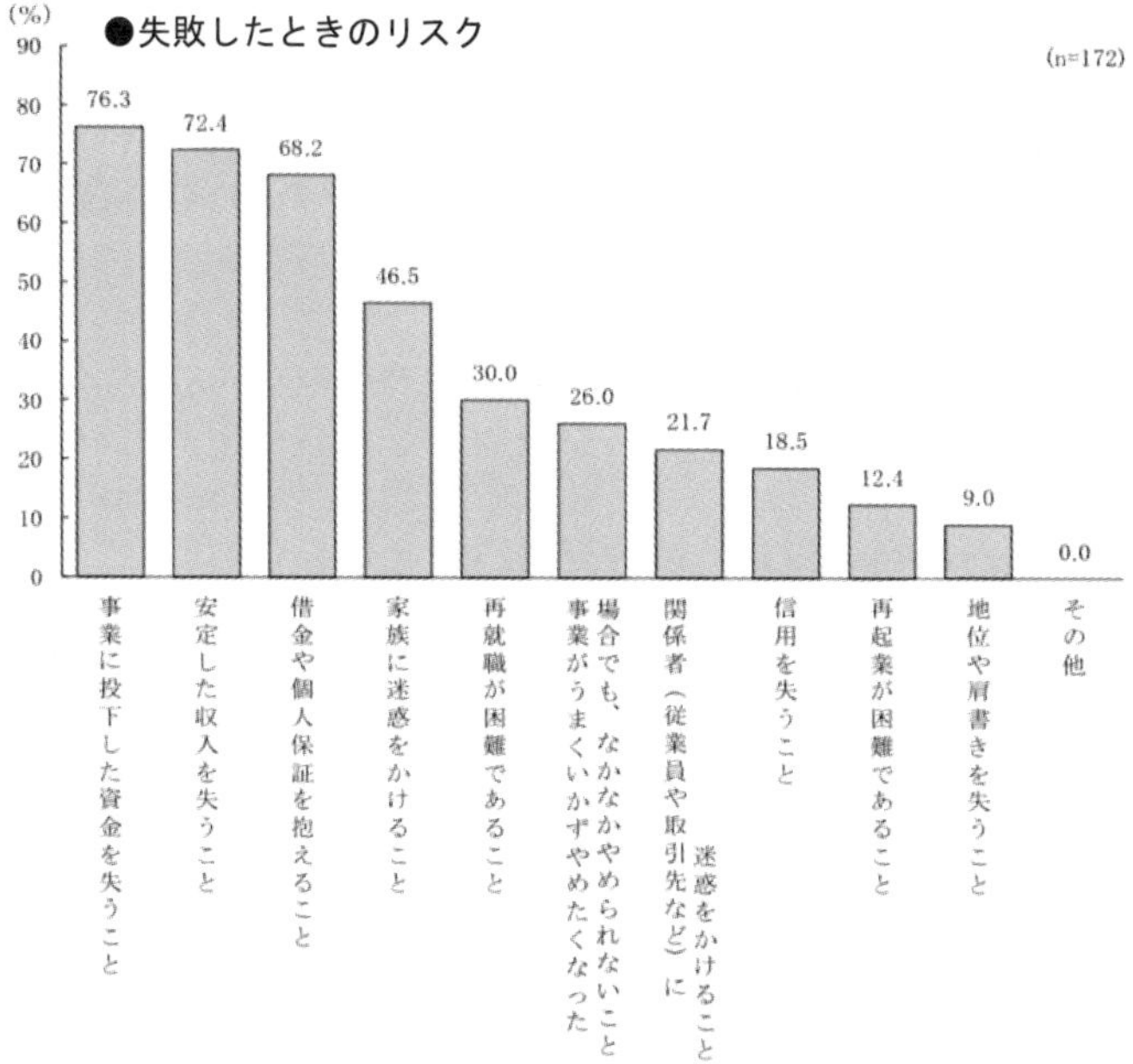

【図表８　2020年度起業と企業意識に関する調査②】単位：％

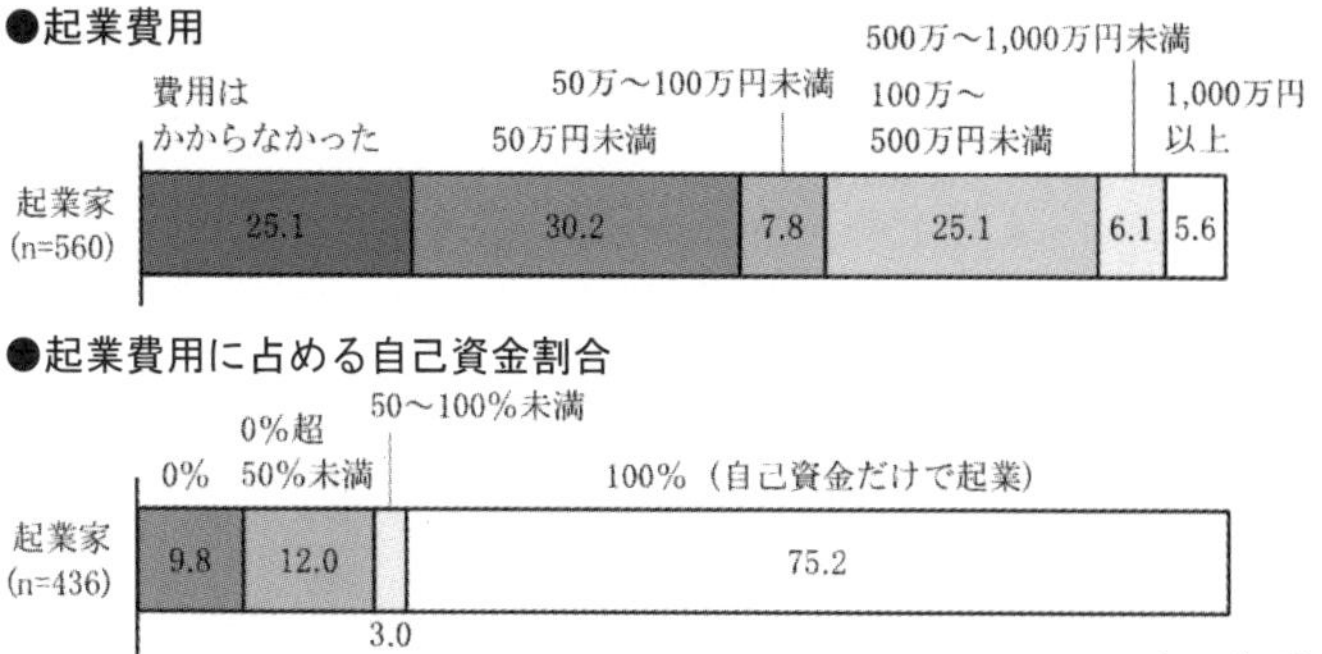

出所：日本政策金融公庫総合研究所

11　自分のスケジュールを立てる楽しみがやる気につながる

◆スケジュール表は自らの意思が反映されたもの

会社組織におりますと、細かいスケジュール調整のもと、商談、イベント、会議、研修などに参加し、約束事が1つひとつ行使されて成就していくものです。そして、すべてのスケジュールを消化して1日が終わると、達成感というか充足感を味わえたものです。

時には、スケジュールが過密になり、結果的に熟せず、消化不良になるときもありました。私の会社員時代は、少なくともそうでした。皆さんも恐らく同じ経験をお持ちではないでしょうか。スマートフォンや手帳で、様々な工夫をされながらスケジュール管理されていると思います。

起業しますと、会社員時代に学んだスケジュール管理は、自分自身を律する意味でも大いに役立ちます。自分の裁量の中で、無理することなく、お客様とのアポイントやイベントなどの企画を「自らの意思」で埋め込んでいく作業は、本当に楽しいものです。

また、仕事だけではなく、その隙間時間に趣味的な娯楽もスケジュールできるのも自営業の特権でもあります。私の場合も、趣味のクラシックコンサートや美術館鑑賞など、混み合うことのない平日の隙間時間に入れて、静かなひとときを1人で楽しんでいます。

会社員時代と違うのは、すべて自分の裁量でスケジュールを立てられることです。これなんて、ビジネスパーソンとしての真骨頂ではないでしょうか。

シニア起業する人にとって、このスケジュール管理そのものが、やる気につながる要素となるのも間違いありません。スマートフォンのスケジュール管理もよいのでしょうが、私の場合はアナログ派で、スケジュール管理だけは手帳を使用しています。やはり紙にペンで書き込む作業が、何ともいえない充実感に浸れるからだと思います。

◆スケジューリングを楽しくするために

ちなみに、毎年、マンスリータイプのカレンダーと同じ形の手帳を購入しています。1日を1マスとして区切られたフォーマットの高橋手帳タイプがお気に入りです。

月の中旬になると、翌月の仕入関係の支払日に支払金額を書き込み、赤のマーカーで縁取りすることから始まります。そして、定期的な会合などを埋め込み、空いている日の1マス1マスに予定を調整しながら埋めていきます。私のように忘れっぽい者にとって、重要度に分けてマーカーの色を変えながら縁取りすることが、視覚的にも意識に残るようです。

私の手帳は、月曜日始まりの1週間と、1か月が見開け、その月の優先事項、トピックスがイメージできて一覧性にも優れています。さらに、マンスリータイプのみで構成された手帳なので、薄くて持ち歩きにも嵩張らず便利です。

手帳のよさは、過去を振り返ることが可能なことです。例えば、アイデアなどが浮かばないときには、1か月前、半年前、1年前、2年前…と遡って振り返ることで、新たな気づきを発見することもあります。振り返ることで、時間の大切さを改めて実感することもできます。

過去に戻ることはできませんが、今、これから先をスケジュールに落とし込むことによって変えることは可能です。もちろん、自由な時間を管理するのは、自分自身でしかありませんし、その人が時間をどのように使おうが自由です。言えることは、同じ与えられた人生であるならば、少しでも日々のスケジューリングがやる気につながる楽しみになればよいですね。

12 所属することが安定感を生む

◆組織に所属しないメリット

起業により組織に所属しないメリットは、①自分の裁量で決められるのでスピードが速い、②個性が最大限に発揮できる、③人間関係の煩わしさがない、④自由な時間が持てる、⑤誰からも指示されない、⑥経営者意識や主体性が身につく、⑦自分の思ったようになる…などが挙げられます。

確かに、組織に所属しないメリットはいろいろあります。でも、それだけでは、長く継続するのに厳しいのではないでしょうか。私は、少なくともそのように考えます。例えば、当初お金儲けだけが先行して起業の動機であった方が、あとになって継続するためには、ミッション、いわゆる大義の必要性に辿り着くのと同じことではないかと思えるからです。

◆倫理観や道徳観を学び続ける経営者が多い

世の中には、私のようなはしくれの小規模事業者から始まって、中小企業、大企業などの普通法人、組合、医療法人などを合わせて約385万社の法人（2016年経済センサス調査より）が存在します。

サラリーマン時代には、全く未知の世界であり、起業したのちに驚いたことがあります。それは、多くの経営者があらゆる場面で何らかの組織に所属して、常に勉強をされていることです。

もちろん、業界団体でビジネスありきの交流会もありますが、それ以上に倫理観や道徳観を学び、人間性の向上に日々努めている経営者が多いことに驚かされました。それも、朝6時、あるいは夜7時に集合して、会社勤務の前後に2時間ほど毎週猛勉強されていらっしゃるわけです。年齢も30代～60代、70代と様々です。

長年にわたりそのような組織に所属し続けることで、人的ネットワークも広がり、経営者という「孤独との闘い業」の悩みや相談事も解決し、さらにお互いの信頼関係が育まれて、大いなる安心感につながっているのです。中には、学んだことを会社の従業員向けの教育材料として使用している経営者の方もいらっしゃるでしょう。

◆最も身近な商工会議所、商工会

最初からビジネスありきの経営者の会であっても、最終的には同じような効果が見込めるのではないかと思います。私も、起業して7年間の中で、お陰様で様々な素晴らしい経営者の方々とのご縁をいただき、可能な限り種々多様な会に参加させていただいております。日本経済がいかに中小企業に支えられて成り立っているかその息吹さえ感じております。

起業すると、最も身近でありメリットも感じるのが、全国にある商工会、商工会議所の存在です。私は、NHK大河ドラマで現在盛り上がりを見せる、あの渋沢栄一が初代会頭を務めた東京商工会議所に起業当初から入会しています。経営セミナー、交流会、講演会など、役に立つ様々なイベントが各支部で実施されています。公認会計士、弁護士など専門家による個別無料相談などもあり、経営上とても助かっております。

ちなみに、東商社長ネット～東京の元気な社長さん～というウェブサイトは、東京商工会議所会員企業の会社の魅力を東京から全国に発信してくれています。掲載無料でSEOにも優れたサイトですので、ビジネス上でも有効性があります。

渋沢栄一の「民の繁栄が、国の繁栄につながる」という想いが今でも脈々と受け継がれていると感じます。

起業される個人事業主、法人問わず、ぜひ入会されることをおすすめします。

サラリーマンから起業するということは、誰からも管理されない自由度がある反面、「孤独との闘い業」でもあります。自分に適合した会に所属することで、日々の刺激と安定感が生まれるのは間違いありません。具体的な団体は、第4章で後述することにします。

13　次の世代のために自分自身でできること

◆ゆとりを持ったシニアだからできることがある

人生100年時代と当たり前に叫ばれるようになった昨今ですが、実際のところは、ようやく90年が見えてきたぐらいではないでしょうか。時の経過とともに、名実ともに100年時代は必ずやってくるのでしょう。がむしゃらに働いた会社員時代と違い、心にゆとりを持つ働き方ができるのがシニア起業のメリットでもあります。

健康寿命も延びて、時間的にも精神的にもゆとりをつくれるなら、シニアとして次の世代のために自分自身でできることが何かあるのではないかと思うわけです。もちろん、シニアとして働き続けることも、間接的に次の世代のためになっているのも確かですが、直接的にできることもシニアならではの役割になると考えます。

人口ピラミッドも、かつての富士山型から、逆ひょうたん型と言われるほどの少子超高齢社会を考えれば、シニア人口の増加を生かすことが、さらに必要とされる時代になるでしょう。

◆仕事上で「ＳＤＧｓ」を紐づけして考えてみる

ご存知のように、2015年9月、ニューヨークの国連本部で開催された「持続可能な開発サミッ

【図表９　ＳＤＧs―世界を変えるための17の目標】

ト」において、地球規模で取り組むべき大きな国際目標『ＳＤＧｓ』（図表９参照）が採択されました。２０１６年から２０３０年までの15年間にわたって達成に向け取り組むべき共通目標です。持続可能な世界を実現するために17の目標と１６９のターゲットが設定されています。

この地球規模で取り組む持続可能な達成目標にシニアとして参画するのも１つだと思います。

例えば、私の場合は、仕事上において、12の「つくる責任、つかう責任」に該当します。持続可能な消費と生産のパターンを確保することの責任の一部でも担える活動を目指したいと思います。

日本の家庭には、２０００万本といわれるタンスに眠る真珠のネックレスを蘇らせて養殖真珠産業をサステナブル（持続可能な）に再興させたいと取り組む、そのような企業家の方に対する協力なども１つと考えています。

【図表10　ストリートピアノでつなぐ祈りのハーモニー】

◆個人的に続けていきたい「ＳＤＧｓ」の例

個人的にも「ＳＤＧｓ」の1つとして、微力ながら目標としていることがあります。それは、東日本大震災の追悼セレモニー並びに防災意識を高める祈りの日として鹿児島から始まった「ストリートピアノでつなぐ祈りのハーモニー」（図表10参照）です。毎年3月11日に開催され、今年で10回目を迎えました。大震災発生日の同時刻にお集まりいただいた一般市民の参加者とともに被災地の方角へ向けて黙禱を捧げ、同じ歌声を重ね、さらに復興を祈念することを目的としています。ボランティアの方々の素晴らしい純粋な思いが、全国に広がりを見せています。

また、自然災害が多い昨今、「先人の知恵を今につなぐ大切さ」「未来に備える賢明さ」「人と人のつながりの確かさ」に触れ、ピアノと合唱により皆様の心を1つにするセレモニーでもあります。この活動は11の「住み続けられるまちづくりを」他に該当すると思います。

２００８年にイギリスのバーミンガムで発祥したストリートピアノは、アジアでは２０１０年に日本の鹿児島から活動が始まり、音楽を通じて、人と人の心のつながりを生み出していくコミュニティー活動です。中には家庭で使われなくなったピアノの寄贈を受け、学生の皆さんが、彩色豊かにペイントして街角に設置し、誰でも自由に弾けて、人々がその周りに自然と集う…、心が温まってきます。個人的にも微力ながら引き続き応援していきたく考えています。

このように、次の世代のために自分自身でできることが身近にあると思います。日常生活の中で、ＳＤＧｓの17の目標の取組みに照らし合わせ活動することも、シニアとしての役割につながるような気がしてなりません。起業される際にご参考になれば幸いです。

14　継続するために根幹になっていること

◆会社員時代の責任ある行動とは

サラリーマンの皆さんは、このようなご経験をお持ちではないでしょうか？　若い頃、定時後には、たまに友人たちと一緒に飲み屋街に出かけ、羽目を外してストレス解消したいと思うこともありましたよね。ただ、そのようなときには、別に会社に迷惑をかけるほどのことでもないのに、公私を分けて、自然と社章をスーツの襟から外しませんでしたか？　私も新入社員で若い頃は、羽目を外すほどの勇気もお金もありませんでしたが、先輩たちがいるとなぜか勇気だけは湧いてきたものです。

新入社員の頃に、こんな思い出があります。営業の先輩2人から、お互いに営業力を試す訓練だ！などと言われ、定時後、渋谷のセンター街で「ナンパ」の教えをいただいたことです。とは言っても、1人の先輩は、ナンパしたい女性を遠くから観察して選ぶだけの役割、あと1人の先輩は、私に突撃命令を下すだけの役割だったのです。

確かに、営業力は試せるはずだなどと勝手な妄想を抱き、勇気を奮い立たせて臨んだことがありました。必死の思いで何とか品格漂う先輩方の意向を満たし、気品ある銀行勤務の女性3人をお誘いすることができました。もちろん、会費は先輩持ちで、お陰様で6人一緒に愉しい夜の食事会となった記憶があります。

ここでのポイントは、「自然と社章をスーツから外す」行為です。これは、長年にわたり培われた会社の信用をたった1人の新入社員が羽目を外したがために失うことがあってはならないという意識の表れだと思います。また、社章を外すという行為が、逆に羽目を外すことに強くセーブをかけ、勤務先に迷惑をかけない自覚と責任ある行動をしなければ…という義務感からではないでしょうか。

◆地道な信用の積重ねこそ信頼につながる道

しかしながら、起業後は、個人の信用をゼロから地道につくり上げていかねばなりません。自分の社章をスーツから外す理由などあるはずもなく、自身のすべての行動が周囲からの信用バロメーターになります。

継続することの私の根幹は、「信用」から始まり「信頼」されるほどの人間性を磨くことです。

それでは、何を指針として大切にしたらよいのか？

私が座右の銘にしている言葉があります。それは、「すべての事象は、わが心の反映なり」です。自分の周囲で起こるすべての現象は、自分の行動、心の結果が大きく反映されて起こるものだということです。

起業して、大切にし続けていることは、とてもシンプルですが、「約束を守る」「レスポンスを確実に行う」――この2点に尽きます。約束したことを当たり前に守る、例えば、メールの返信を確実に速く行うことです。

しかしながら、人間なので不可抗力などにより、どうしても守れないこともあります。その場合は、予め必ずお詫びの連絡などを入れる、これが鉄則です。この繰返しが信用の第1歩であることは、誰もがわかっているところです。ただ、わかる・思うことは誰でもできますが、「行動・実行すること」がなければ信用バロメーターは上がりません。

その地道な信用の積重ねこそが、信頼につながる道です。今、このような自分の体験談を書きながらも、原稿の約束に間に合うだろうか？　と考えている自分自身が、ここに存在するのも確かで、「約束を守る」日々の緊張感が自分を律することにもつながります。

第4章　起業までの下準備は人脈づくりと営業ノウハウづくり

1　個人事業主か法人形態か？　シニア起業に適した種類は

◆個人事業主、法人の種類と責任範囲

ここでも私の体験談に基づいてお話しすることにします。当初、シニア起業する際、「個人事業主」であれば、開業届をするか、もしくは開業した年の事業収支をすべてまとめて税務署に確定申告さえすればいいか…と、シンプルに考えておりました。

しかしながら、私のような物販業の場合は、仕入先や加工先などとの取引が必要になることと、特に宝石業界という性質上も加わり、法人格を選択しました。とりわけシニア起業にうってつけの小さなサイズで始められる合同会社（ＬＬＣ）でスタートしました。

会社法では、会社の種類を「株式会社」「合名会社」「合資会社」「合同会社」の4種類を定めています。あと事業をするための法人格をもった団体で、一般社団法人、一般財団法人、ＮＰＯ法人、事業目的が限られた医療法人、社会福祉法人、弁護士法人、税理士法人などがあります。

◆個人事業主でいくか法人にするか？

サラリーマンからシニア起業する場合、一般的には「個人事業主」でいくか、法人である「株式会社」、もしくは「合同会社」にするかの選択肢になるはずです。

個人事業主と法人の大きな違いは、個人事業主の場合、無限責任となります。事業用と個人用のお金の財布が同じで、仕事上のトラブルなどで損害を与えた場合、すべて事業主個人として責任を負わなければなりません。

一方、法人の株式会社、合同会社（以下ＬＬＣ）の場合は、有限責任となります。事業用と個人用の財布は別物で、仕事上のトラブルなどで取引先や顧客に損害を与えた場合、その損害は法人として償うことになります。ただし、法人としての会社の責任とは別に経営者としての経営責任も追及されることになります。

また、会社が借金をする場合にも、中小企業は経営者個人が連帯保証人になるのがほとんどです。重要なことは、有限責任といえども無限責任と心に留め置くのが間違いのないところです。

◆「シニア起業」なら合同会社（ＬＬＣ：英語 Limited Liability Company）を推奨

皆さんが、これまでのサラリーマン生活の延長線上で、自分の経験スキルを生かしてシニア起業をお考えになるとしたら、わざわざ株式会社を選択される必要などありません。シンプルな組織であるＬＬＣを設立して、ご自分流のビジネスを展開されることをおすすめします。

極端なお話をしますと、少額でも何らかの収入が得られるのであれば、それをＬＬＣの売上にして、諸々の費用を経費として計上すれば、税金の額をコントロールすることもできます。

かつては、株式会社を設立する際には、１，０００万円以上の資本金と複数の発起人が必要で、有限会社でも300万円以上の資本金が必要でした。そのことが、社会的な信用につながっていたのですが、今では全くの単なる誤解です。

2006年に小泉政権下で施行された改正会社法で、最低資本金の規制も発起人や出資者の規制もなくなり、資本金1円、発起人1人でも株式会社をつくることができるようになりました。その際、有限会社が廃止されて、代わりに登場したのがLLCです。

【図表11　株式会社とLCCの費用ほか】

	株式会社	LLC
形態	法人	法人
法人格	あり	あり
責任範囲	有限	有限
組織の決定方法	株主総会・取締役会	内部自治のため自由
設立に必要な最低人数	1名以上	1名以上
資本金	1円以上	1円以上
設立に必要な法定費用	25万円程度	60,000円
課税対象	法人課税	法人課税
税金	赤字でも最低年額70,000円は必要	赤字でも最低年額70,000円は必要

出所：ビジドラ「起業家の経営をサポート」
三井住友カード　2018年9月20日公開より

◆小さな起業にはLLCがおすすめ

簡単に言えば、LLCはかつての有限会社と同様の位置づけにある会社形態です。

株式会社設立よりも簡易で、設立費用も株式会社の25万円程度に対し、LLCは登録免許税にかかる費用は6万円（専門家に依頼した場合は、別途費用発生）だけと低く抑えられます。設立に要する期間も株式会社より短くなるのが一般的です（図表11参照）。

また、私は、何よりもシニア起業で仕事を楽しみたいというスタンスでしたから、実際にL

ＬＣで登記して、代表取締役のようなたいそうな肩書きなど必要もないなと感じました。

ＬＬＣの「業務執行役員」「代表社員」は、的を射た自然体でとてもよい塩梅の肩書きです。他にも、決算公告の義務などもありません。

なお、設立される際には、専門家にも相談しながら、吟味されることをおすすめします。

２　事務所は自宅、賃貸、購入の選択肢から

◆自宅、賃貸、購入のメリット・デメリット

業種、費用、利便性など、起業される方によって事務所のスタイルも様々かと思います。私も起業時に自宅、賃貸、購入に分けて考えたことをまとめてみます。

【自宅兼事務所にする場合】

① 仕事の可能性

店舗不要、自宅で作業可能、在宅型、顧客訪問が少ないなどＩＴ、インターネット関連、クリエイターなどのスキルを持った方の仕事は自宅で十分可能です。

② メリット

・月々の家賃や入居時に初期費用（礼金、保証金、敷金、備品など）がかかりません。搬入費用も

かからず、大幅に経費を削減することができます。また通勤の負担もありません。

・自宅を事務所にすることで、家賃や光熱費の一部を経費として計上することが可能です。

・事務所物件を探す必要がなく、開業までの時間が短縮できてスタートアップも早いです。

・介護の必要なご家族がいらっしゃる場合は、仕事を調整しながら安心して取り組めます。

③　デメリット

・よほど自己管理能力の長けた方でないと仕事とプライベートの区別がつかなくなり、テレビをはじめ仕事には関係のない誘惑も多く、メリハリに欠けます。ただ、コロナ禍で在宅を多くのサラリーマンの方々も経験し、マイナス面を克服できているかもしれません。

・自宅の所在地を不特定多数に公表することになり、ストーカー被害などを受ける危険性があります。家族に安全面での不安が生じることを心得ておく必要があります。

【賃貸事務所にする場合】

①　仕事の可能性

すべての業種で店舗を含めた様々な仕事に適合した物件が選べます。

②　メリット

・賃貸事務所は、来客対応に向いており、自由にお客様や取引先を招くことができます。

・仕事とプライベートを完全に区別できて、余計な誘惑もなく仕事に集中できます。

・契約の範囲内で、レイアウトや内装などを自由に変更できます。必要な設備も導入できて業務の効率化を図ることができます。

③　デメリット

・月々の家賃や入居時に初期費用（礼金、保証金、敷金、備品など）がかかります。搬入費用もかかります。また、通勤の負担がかかります。

・費用面だけでなく、入居まで時間がかかります。不動産物件の選定から始まり、入居審査、賃貸借契約、机などの搬入、設備投資、内装などに1か月は優にかかりますし、退去時も何かと手間が生じます。

【事務所を購入する場合】

①　仕事の可能性

すべての業種で店舗を含めた様々な仕事に適合した物件が選べます。

②　メリット

・月々の家賃支払いが発生しません。長期で考えた場合に永続的に賃料を支払い続けるよりも、購入でローン返済を行うほうが結果的に事務所が資産として残ることにもなります。

・不動産担保にもなるので、金融機関からの借入れなども有利になります。減価償却費としても経費計上でき、必要に応じて売却した場合も状況によっては売却益を得ることができます。

③　デメリット

・不動産購入は、初期費用が高額となります。まとまった金額の頭金など、様々な諸経費が必要になります。また、固定資産税と管理費や建物自体の維持費が発生します。

・変化する経営状況に合わせて事務所の拡大や縮小を簡単には行えません。例えば、賃貸であれば、業績の状況によって縮小、拡大して移転もできますが、購入した場合は売却などの手続に時間がかかるため、それらは簡単に行えないことになります。

◆お客様目線になって探す事務所選びも大事！

私の場合、仕事を継続していく上で、事務所選びについては大切なことでした。したがって、当初は、時間をかけました。ジュエリーというお客様に夢を売るビジネスでもあることから、拠点は、上質でおもてなしの空気感がある「銀座」から発信しようと決めていたからに他なりません。お客様が銀座にお見えになったとき、会食するにもふさわしい場所でもあります。

業種によっては、今後、皆さんも経験スキルを生かして起業しようという場合には、場所選びが重要なファクターになる方もいらっしゃるでしょう。

前述の自宅、賃貸、購入のメリット・デメリットを自分なりに吟味してみました。起業当時は、長いサラリーマン時代の延長線上で考えると通勤するほうがより自然であること、またメリハリからも自宅での仕事は避けたほうがよいと判断し、賃貸と購入で検討を始めました。

当初、銀座に破格の中古マンション好物件が見つかり、大手不動産会社のすすめもあったことから、資産価値もあり、本気になっておりました。銀座界隈の賃貸相場と比較してもメリットがあり、通常の事務所としての賃貸物件は探す気になれませんでした。

◆シニア起業にはレンタルオフィスがおすすめ！

しかし、銀座に近い日本橋も含めてロケーションを重視する際に、気になっていたのが、料金もリーズナブルで利便性の高いレンタルオフィス、シェアオフィス、ＳＯＨＯでした。東京都なども時差出勤、フレックスタイムなどを奨励し、私が起業した頃は、企業のサテライトオフィス利用なども耳にし始めた頃だったかと記憶しています。

そこで、レンタルオフィスを５か所ほど内覧で伺いました。システムと料金に微妙な違いはあったものの、ＯＡ機器、ロッカー、デスク、郵便・宅配受付、来客サロン、電話秘書サービスなど、登記を含めたビジネス周りが整っていることに、ほとんどの不安が解消しました。固定費もかなり削減でき、平均して月３万円程度になります。

そのインパクトで、物件「購入」という2文字も頭から消え去りました。また、シェアオフィス、ＳＯＨＯは、若干のシステムの相違はあっても、レンタルオフィスと同じで、起業する者にとっての強い味方であることに変わりありません。

とくに私の場合、銀座拠点はもちろんですが、外商が仕事の半分以上を占めることもあり、外

【図表12　レンタルオフィスと通常オフィスの違い】

項目	レンタルオフィス	通常オフィス
家具	基本的に無償でついている	なし
面積	かなり狭く、一人当たり1～2㎡	一人当たり約5～6㎡
初期費用	入会金1～2カ月程度	保証金4～8か月程度
水道光熱費	基本的に賃料に含まれている	別途支払う
光ファイバー	無料でついている場合と別途有料の場合がある	別途契約が必要
原状回復費用	基本的にはかからないところが多い。	必ずかかる。クリーニング費用だけでなく、壁紙、床は全部借主負担で張り替える
受付・コンシェルジュ	いるところといないところがある	なし
同じ賃料でのビルグレード	通常オフィスよりは高くなる	レンタルオフィスよりは低くなる
契約種別	利用権契約 もしくは定期借家契約	普通借家契約もしくは定期借家契約
トイレ	男女別のところが多い	面積が20坪以下くらいまでは一つだけが多い
短期利用	3か月以上であれば相談可が多い	基本的にはできないが2年契約して、途中解約はできる

出所：SOHOオフィスナビ（2017年4月7日）より。

商先からの帰り道に事務作業ができれば、さらに理想的でもありました。世の中にはニーズを摑んだ企業が存在するものです。首都圏の銀座、東京、新宿、池袋、横浜、川崎、大宮など各エリアのターミナル駅にあるオフィスも使える〝アントレサロン(https://entre-salon.com/)〟との出会いは、まさに水を得た魚のような思いでした。また、法人登記する際に、相談窓口のサービスも利用でき、とても重宝したのを覚えております。

よくご存知でない方ほど、レンタルオフィスは銀行口座を設ける際など信用度が低くなり不利だなんて勝手に思われるようです。それは大きな勘違いです。現に私の場合でも、今まで不利になったことや制限されたことなど1度もありません。

ましてや、予想もしなかったコロナ禍で、企業も事務所を縮小し、サテライトオフィスに代替する現象さえ起きている昨今、ますます存在感、人気ともに高まっているのがレンタルオフィスです。起業した7年前からレンタルオフィスと利用契約したことは、先見性があったと思っています。ちなみに、図表12は、レンタルオフィスと通常の賃貸オフィスとの違いについての参考資料です。

3　取引銀行口座、顧問税理士、HP、SNS等の開設について

◆銀行口座の開設について

事務所も決定し、法人登記、税務関連などの公的な手続が完了したら、法人口座の開設となります。１人経営といっても、法人と個人は別人格となるため、個人の財布と会社の財布は分けなければなりません。義務ではないとはいえ、代表者個人名義の金融機関口座を使い続けると、取引先などへの心証を悪くしないとも限りません。

個人の銀行口座開設と比べると、法人口座開設には厳しい審査が行われるために、１か月以上かかる場合もあります。早めに動いたほうが賢明でしょう。申し遅れましたが、法人登記する際は、資本金1円からの登記も可能ですが、現実的な数字とはいえません。金融機関によっては資本金の最低額が設定されているところもあるようです。予め審査申込みの際に、必要な提出書類（登記簿謄本など）も含めて金融機関に確認されることをおすすめします。

ちなみに、私の場合は、審査が早かった「都市銀行（メガバンク）」、「地方銀行」、「ゆうちょ銀行」

の3行を開設しました。3行あれば十分と思い、現在もメリット・デメリットを補完し合えているのでよかったかなと思います。

あと、中小企業に評判のよい「信用金庫」とか、利便性のある「ネット銀行」もありますので、起業の際はご自分の仕事に合った銀行を検討されるとよいでしょう。

◆顧問税理士について

税に関する実務は煩雑です。ご自分である程度できるという方もいらっしゃるでしょう。しかし、起業間もなくの煩雑な時期に、営業に力を入れるか、あくまで全部事務作業も自分でこなすか、そこは考えどころです。顧問税理士を選択するメリットを挙げてみます。

顧問税理士と契約することで、正確な会計処理、税務申告ができるというメリットがあります。また、節税方法の正しいアドバイスや会計状況の改善点などのサポートも、経営者としてとても助かるものです。

しかし、選び方が問題です。私の経験上から言うと、顧問税理士は長年お付合いさせていただくことが前提でもあり、最初の時点でコミュニケーションが取りやすく、質問に的確に答えてくれるかどうかなど、人柄も大切な要素となります。したがって、契約前に自分の目で確認しておく必要があると思います。商工会、商工会議所、あるいは人的なつながりで、信頼できる人から顧問税理士の紹介を受けるのもよろしいのではないかと思います。私も、人的つながりで、よきパートナー

【図表 13　法人から依頼された場合の顧問料の相場】

年間売上	顧問料			記帳代行(月額)	決算（年額）
	毎月訪問	3ヶ月1回訪問	6ヶ月に1回訪問		
1,000万円未満	25,000円～	20,000円～	15,000円～	+5,000円～	100,000円～
1,000万円以上3,000万未満	30,000円～	25,000円～	20,000円～		120,000円～
3.000万円以上5,000万未満	35,000円～	30,000円～	25,000円～		140,000円～
5,000万円以上1億円未満	40,000円～	35,000円～	30,000円～	+10,000円～	140,000円～
1億円以上～5億円未満	60,000円～	50,000円～	40,000円～	+10,000円～	240,000円～
5億円以上	要相談				

出所：起業 LOG（2020 年９月６日掲載）

の紹介を受け、お陰様で7期目に入っております。ご参考までに図表13に顧問料の相場を添付します。

税務は、税理士先生に助けていただくにしても、当たり前のことですが、ある程度のキャッシュフロー（お金の出入り）は、自分で押えていく必要があります。税理士に丸投げすることなく、日々のデータの記帳など、できることは自分ですべて行ったほうがよいでしょう。

会計ソフトもクラウドをはじめ充実しております。もちろん、その分、記帳代行料金もかかりません。

◆ホームページ、ＳＮＳ等の開設について

私が企業ホームページをつくった理由は、第1にお客様へ安心感をお届けしたいからでした。最近では、ほとんどの方が検索ツールを利用する世の中です。出先で急に連絡を取りたいときなど、ホームページの問合せから入って来られる方もいらっしゃいます。

企業ホームページの重要度は、年々増加していると感じます。

【図表14　スマホ対応のＨＰがつくれるおすすめ無料ツール】

ツール	簡単さ	実績	国内向け サポート	評価・選定のポイント
Jimdo	★★★	★★★	★★★	直感的な操作可能・初心者にイチオシ
Wix	★★★	★★★	★★★	カスタマイズしたい方におすすめ
ペライチ	★★★	★★★	★★★	1ページだけ最速で作りたいなら◎
Ameba Ownd	★★★	★★	★★	無料プランでも独自ドメイン設定可能
Webnode	★★★	★★★	★	広告表示が目立たないツールなら◎
BASE	★★★	★★★	★★★	ネットショップを作るなら
STORES	★★★	★★★	★★★	ネットショップを作るなら

出所：ジンドゥー「スマホ対応のホームページツール」（2020年5月29日掲載）より。

起業当初、東京都中央区の中小企業補助金事業の採択を機会に制作しました。シニア起業ならではの身の丈に合った最低限の役割を担ったホームページです。

ちなみに、Ｇｏｏｇｌｅマイ・ビジネスのように、無料登録、制作ができて、企業広報活動の発信が可能なとても身近なツールもあります。訪問者のアクセス解析まで行ってくれるありがたいサイトです。また、ＳＮＳのＦａｃｅｂｏｏｋページなどにも連動し、商品などの宣伝効果にもつながっています。本来、店舗集客が目的のツールですが、実店舗を持っていないサービスも登録可能となっています。

私は、Ｇｏｏｇｌｅマイ・ビジネスとＦａｃｅｂｏｏｋページの2つを最大限に利用しています。とくにスマートフォン対応は必須です。

また、無料ホームページサイトのジンドゥーが、ＥＣサイトを含めた、初心者でも簡単に使えるツールを7つ厳選していますので、図表14に案内しておきます。

4　起業時のお客様開拓、取引（仕入）先開拓などの基本的ルール

◆起業時のお客様開拓で言えること

サラリーマンからシニア起業したのち、過去のスキルを生かして活動する場合は、道義上、注意しなければいけない点もあります。それは、過去に長年勤務した会社に配慮しながら活動するか、起業した以上は背に腹は代えられないので何も気にせず傍若無人に活動するか、これは自分の考え方に尽きると思います。

退職した人間が、過去に勤務した会社のお客様から僅かなおこぼれの売上を得たとしても、勤務した会社によっては寛容に対応してくれるかもしれません。生きていくためには、どちらが正しいとは一概にもいえません。もっとも、お客様からご指名をいただく場合は別問題ですので、それはありがたいに尽きます。

でも、敢えてここで、取り上げさせていただいたのは、事業を継続させるためには「道義」を重んじることが、結果的にプラスになるとお伝えしておきたかったからです。

もちろん、スタートアップする際にすでにお客様がいてくれることは、安心であり、モチベーションも高まります。しかしながら、極端にそこにしがみついた営業になりますと、新しいアイデア、発想も湧かないままに、固定観念に縛られてしまいます。それこそシニア起業の典型的な悪いパター

ン「木を見て森を見ず」に陥ってしまいがちです。バランスの取れた営業姿勢が必要です。

何もないと思えば、アイデア、発想も湧いてくるものです。少なくとも、同じお客様が重なったとしても、取り扱う商材を変えることにより、道義上も納得できて、お客様にもお喜びいただければ、この上ない営業冥利に尽きるのではないでしょうか。

また、もし商材が重なったとしても、勤務した会社から仕入れて販売するなどの配慮も必要でしょう。重なったお客様から新たなお客様をご紹介いただくのも自然な流れかと思います。お客様ありきでも、矛先を少し変えるだけで配慮が生まれるものです。

むずかしいところですが、「道義」を心の中心に置きつつも、お声がけいただくなどのチャンスがあれば、遠慮なく1歩踏み出し、そのあときちんと筋を通すなり、筋を通すために経済的なお返しをするなど、チャンスを逃さないようにしなくてはならないと感じます。

◆仕入先開拓のルール

サラリーマン時代の延長線上で同じ業界、それも長年勤務した会社の取引先であれば、そこへの接触には尚更のこと気を遣うべきでしょう。

私の場合、どちらかというと、道義上控え目にしておりました。ただし、こちらからではなく、相手先から接触くださる場合は、別問題でとてもありがたいことでした。経験して言えることは、長年勤務した会社から見ていた業界と、自ら起業して見る業界の〝見え具合〟に違いがあることです。起業してからのほうが、今まで知らなかった業界のことをさらに知る機会が増えたことです。

　確かに、会社員のときは、役割分担の組織社会であったため、完全に営業のみに専念して活動していたことがその原因かもしれません。ところが、起業すると、仕入から販売まですべてを自分で行うため、商品を仕入れるための厳しい目を持つようになります。つまり、業界全体に対する視野が広がったのです。ただ、起業間もない頃は、信用という意味で少し苦労したことはありました。

　これは、誰でも経験することです。同業の経営仲間や先輩と1人でも信頼関係を先につくるのも1つです。あとはその方の紹介で、仕入等の取引先契約がスムーズになります。また、結果的に道義上のルールさえ守れば、長年勤務した会社からも声がかかることもあります。私も、お陰様で、現在は古巣の京セラからも仕入が通常にできるようになりました。

5　様々な交流会に参加する

◆シニア起業者の身の丈に近いビジネス団体

　起業して活動しておりますと、サラリーマン時代にはほとんどご縁のなかったビジネス団体に遭遇します。もちろん、ビジネスマッチングも大切でしょうが、それ以上に日々の自分磨きを怠らないために、多くの小規模事業者、中小企業経営者の方々がビジネス団体に入会し勉強しています。「経営」という正しい判断を常に行うためには、テクニックよりも、最終的には心を高めなくてはならないことを経営者自身が認識しているからだと感じます。

私が出会ったシニア起業者の身の丈にも近く、印象に残った団体を次にてご紹介しておきます。

① 商工会議所、商工会

起業したら、普通にどなたでも出会います。法人登記した自治体にある公的団体なので、安心して経営相談やセミナーなどのイベントに参加できます。

② 倫理法人会

「経営者の自己革新で会社は変わる」をモットーに、倫理を企業経営に取り入れ、経営者自ら学び、変わることによって、社員や社風を変えて健全な繁栄を目指す団体です。全国681か所、会員企業数6万8541社、海外にも台湾、アメリカ、ブラジルに拠点があります。

③ 守成クラブ

単なる異業種交流とは違い、「商売繁盛」を前面に打ち出し、「本音で自社をPRし、互いに商売（実利）に徹して売上を伸ばす」ことを目的とした団体です。全国180会場、会員数1万8000人。

④ BNI（Business Network International、ビーエヌアイ）

世界最大級のビジネス・リファーラル組織です。ビジネススキルの上昇と、メンバー間の信頼を深めることによって、ビジネスを発展させることを目的とした団体です。国内251チャプター、メンバー9600人。

⑤ ロータリークラブ、ライオンズクラブ

双方ともに世界的な組織の社会奉仕団体です。また、社会奉仕のみならず、ネットワークにより国際的な関係を構築する機会にも巡り会えます。さらに、ビジネスや職業、専門的関心の進歩的なコミュニケーションの場を手にできます。国内ＲＣクラブ数約２２５０、会員数約８万６０００人、国内ＬＣクラブ数約２８００、会員数約10万５０００人。

◆**異業種交流会への参加**

経営者向けに全国各地で数多くの異業種交流会が開催されております。イベントごとに目的やコンセプトが異なるために、自分に合う交流会を選ぶ必要はあるでしょう。金額も、無料のものもあれば、高額な場合もあります。例えば、シニア起業者におすすめで人気の交流会がありますので、ご紹介しておきます。開催ごとに無料から2，０００円程度で参加できますので、ご参考までに、手始めに参加してみるのもよろしいのではないかと思います。

●アントレセミナー交流会

毎月１００名規模のセミナーなどが、複数回開催されている異業種交流会です。イベント内では、自社のＰＲ時間も設けられるので、会社事業の内容をアピールできます。また、毎回の交流会では、名簿が作成されており、参加者にも配布されます。

会場内で名刺交換会もありますので、ビジネスチャンスの場面は多いかと感じます。

※主催者：銀座セカンドライフ株式会社　Ｗｅｂサイト（https://ginza-entre.com/）

6　ビジネスとは離れた自分がありたい環境に身を置いてみる

◆起業を楽しむためのワクワク感の空気に触れる

繰返しになりますが、私の仕事は、ジュエリーという性質上、夢をお客様に感じていただくこと。ある意味、「夢を売るビジネス」です。お買物いただくことにより、お客様が毎日を笑顔で過ごせ、少しでも明日への活力の足しになれば、私にとってこの上なく営業冥利に尽きる仕事になります。そのため、自分自身が、常日頃からワクワク感のある生活を自然に体得していなければならないと考えています。いくら表面だけを取り繕おうとしても、お客様はしっかりと見抜いていらっしゃるからです。表裏なく夢を語るための自分磨きも大切になります。

平たくいうと、よく親心から子供のために環境をつくることに熱心な親御さんが多いですね。例えば、水泳、ピアノ、珠算、書道、英会話など、子供に勉強させたいために専門の教室に通わせます。同じ目的を持った環境に身を置くと、お互いに切磋琢磨して上達するものです。背伸びする必要はありませんが、働く環境を含めてとても大切なことになります。

◆ボランティア活動での「学び」

そのようなことを思っていた起業当時、ビジネスとは関係なく、ボランティアで人様に少しでも笑顔をつくってもらおうと、「人もち会」なるものを主宰している方との出会いがありました。

世の中には、純粋に人のつながりをつくり、その人たちのためになればと活動している心豊かな人たちがいらっしゃいます。日本もまだまだ捨てたものではありません。ちなみに、現在は組織化され、一般社団法人ライフプロファイリング協会（https://www.lpajp.com/）に発展しています。

私も、そのような活動に共感を覚えておりましたので、当時優先して親睦会に参加しました。人脈なんてつくろうと思ってつくれるものではありません。うそ偽りのない自分の姿が自然に相手に伝わったときに、初めて長いご縁につながるものです。

シニア起業する人は、人生の年輪をある程度積み上げた方々ばかりです。ビジネスありきも大切ですが、まずは、自分が〝ありたい環境〟に身を置いてみることからのスタートをおすすめします。

自分磨きが目的であっても、結果的に人となりのお互いの共感が、太くて長いビジネスにつながることも多いのです。

◆お客様を有しない限り起業・事業は成り立たない

自分が〝ありたい環境〟に身を置くと、例えば１００人出会った方の中で偶然にその中のお１人がその業界の上質なお客様であれば、「人となり」にお互い共感を覚えているだけあって、協力体制も半端ないものにつながることがあります。また、直接のお客様にはなれなくても、有力なお客様を紹介くださることもあります。

【図表15　シニア起業家の開業時における販売先・顧客の確保状況】

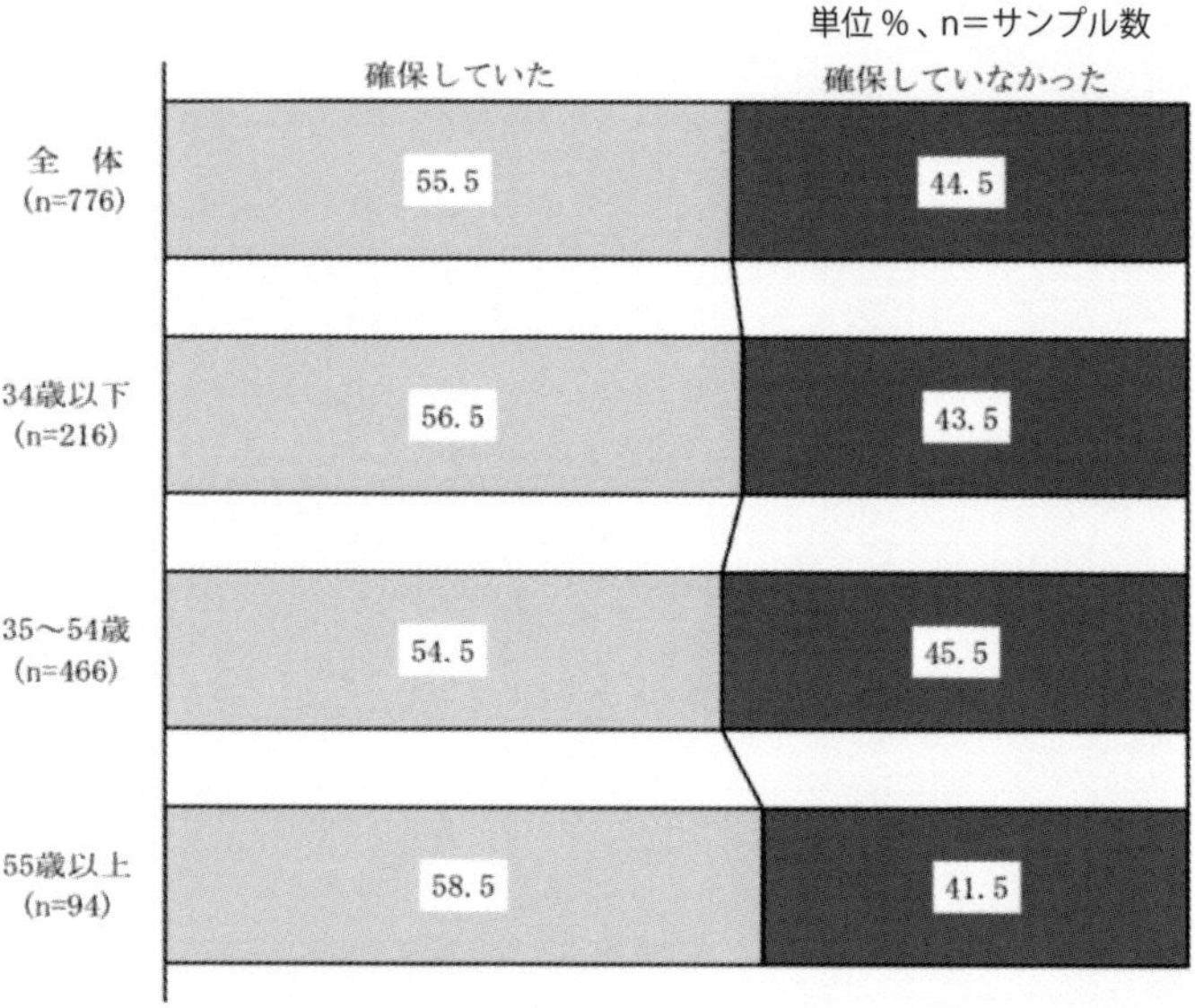

出所：日本政策金融公庫総合研究所（2012年）

「ありたい環境に身を置くことにより、促成栽培で自分自身も自然と引き上げられる」と言っても過言ではありません。若年起業、ミドル起業がビジネスありきで数をこなさなければならない反面、シニア起業は腰をしっかり下ろした地道な営業展開でよいと考えています。起業前の下準備はもちろんのこと、起業後の無理のない上質な人脈づくりは大切になってくると言えます。

やはり、いかに素晴らしい事業計画書、ビジネスモデルを持っていても、それを購入してくれるお客様を有しない限り、起業・事業は成り立たないということです。

図表15の日本政策金融公庫の調査によりますと、開業時に販売先・顧客を

確保していた55歳以上のシニア起業家の割合は、58・5％となっています。この割合は、他の年齢層と大きくは変わっておりませんが、やはり6割近くは、お客様を確保して起業していることになります。

7　コロナ時代には新しい技術で「つながり」を創っていく

◆コロナ禍で気づかされた多くの学び

コロナ禍により、予想もしなかった不自由な生活が地球規模で起こりました。世界はもちろんのこと、日本経済も大きな打撃を被りました。小規模事業者にとっては、政府の持続化給付金、補助金などのお蔭で生きながらえているところも多いかと推察します。また、飲食店などにかかわるすべての業界のご苦労もいかほどのものか計り知れません。

私の生業である宝石業界も、かなりの打撃を受けております。そして、医療従事者の皆さんへの感謝も絶対に忘れてはなりません。

しかしながら、コロナ禍のお蔭で、本来あるべき姿の多くの気づきを与えてくれているのも事実です。通勤ラッシュの緩和のために、東京都が率先して対策化していた時差出勤、フレックスタイム制などの働き方改革も一気に加速しました。弊社も数年前から時差Ｂｉｚ登録参加企業になっていることもあり、その加速ぶりを関心を持って見ていました。また、それ以上に在宅ワークが進み、大手企業の中には自社ビルを売却する話も出始めているところもあります。

仕事柄、外商とイベント販売が主流で展開する私自身の仕事も大きな影響を受けたのは確かです。お客様とのリアルな対面営業が、いかに大切なひとときだったのか思い知らされました。コロナ禍前まで、当たり前に外商でお客様宅に上がり込み、長時間過ごしていたわけですから、無理もありません。場合によっては、お客様手づくりの夕食までご馳走になるなど、アナログ世界の最たる密着営業でした。

また、イベント開催も中止となり、正直、八方塞がり状態でした。ただ、起業当初から固定費をミニマムというか極小に抑えていたことが功を奏しました。さらに、大きな営業上の救いとなったのが、Ｚｏｏｍ（ズーム）などのクラウドミーティングサービス、ＳＮＳの有効活用であったのは間違いのないところです。

◆新しい技術でつながりをつくる

当初、マーケットの大きい東京が、緊急事態宣言の影響もあり、外商活動できなかった際にお世話になったのが主に地方との遠隔ビジネスでした。従来のＢ to Ｃ（顧客直接取引）営業からＢ to Ｂ（対中間業者取引）営業への一部シフトを実施しました。

その際、タイムリーに活躍できたのは、ＬＩＮＥなどのＳＮＳを最大限に使いこなせたことによります。メールでは、瞬時の商談に即効性がないものの、ＬＩＮＥなどのＳＮＳはリアルタイムにビデオ通話、画像送信の対応が可能なために、機会損失もなく、営業上とても重宝しました。

地方の取引先とのやり取りでも、最初に商品さえ送り込んでおけば、弊社と取引先パートナー様、最終ユーザー様の３者がＬＩＮＥ、ＳＮＳ上でリアルタイムにスマホ商談できて成立したことです。

また、新規のお客様開拓も、ビジネス団体のＺｏｏｍ異業種交流会などに積極的にスポット参加し、ＰＲのチャンスを最大限に活用させていただきました。Ｚｏｏｍで出会って、イベントにご招待し、実際にジュエリーを会場でご覧いただき成約に結びついたこともあります。

こうしたクラウドサービスとリアルな対面接客が融合して実った典型的なビジネスの経験となりました。また、リアルに商談できることのありがた味を、あらためてこのコロナのお陰で学べたような気がします。

これからのシニア起業においても、ますます新しい技術でつながる世界が拡大するでしょうし、準備期間においても新規開拓の有効手段となるのではないかと考えます。

8　自分の業界のみならず多様性を持った下準備も大事

◆異業種パートナーに支えられての準備期間

起業前に、鎌倉を中心に人気を誇る服飾デザイナーで30年来の友人「ＹＵＭＡ」氏から「上水樽さんが独立するのであれば、ぜひ応援したいので一緒にイベント展開しましょう。どこまでも協力します」ととても勇気と励みになる言葉をいただきました。これは、今でも脳裏から離れることはありません。スタートアップする際にどれほど心強かったことでしょう。

世田谷の上野毛に本店を持ち、40年以上も経営経験がある彼女とのコラボ企画は、とても新鮮で新たなお客様と出会う原動力となりました。販売企画内容、会場選び、貸切りの交渉、開催日程、案内のリーフレット制作、おもてなし内容、会場設営、搬入搬出を含めた準備段階の打合せすらも、お客様目線で考えるため、大いに盛り上がりをみせたものです。

開催前からお客様の笑顔を想像するだけで、待ちきれない気持ちになりました。四季を通じて、銀座のフレンチレストランをはじめ全国の様々なイベント会場で、「ジュエリーとわたしサイズの服作り」と題して展開、とても好評を得ました。

また、お陰様で、彼女のお客様にも私の商材が広がりをみせ、すべてがプラスに進んだ気がします。毎回終了する度に、やり切った感の疲れも、逆にほどよい充実感に包まれました。

今は、ご縁はお弟子さんに引き継がれ、お付合いは脈々と続いております。皆さんも起業の準備期間中、長年培われた人的なネットワークの中で、思い浮かぶ異業種とのコラボ企画を想像されてみるのもよいのではないでしょうか。人によって生かされる多様性というものにとても感謝しております。

起業の準備段階から、ジュエリーという生業上、お客様目線で捉えた「真・善・美」を大切にしてまいりました。そのような思いを募らせていましたら、服飾デザイナーの友人から、ありがたくもお誘いを受け、イベント企画がスタートしたことになります。

第5章　起業後に実践した10の行動

1　サラリーマン時代と変わらぬ生活のリズムを保つ（自分を律する）

◆組織社会で学んだ生活のリズムを崩さないこと～経験から～

会社を退職してからも、会社員時代と変わらぬリズムを継続しました。些細な毎朝のルーチンとしていたワイシャツからハンカチに至るまでアイロン掛けを施し、営業マンらしく、ネクタイを締め、スーツを着用し、皮靴を履き出勤する、会社員時代の生活習慣を崩さないことを旨としました。変えたのは、ラッシュ時の体力を消耗させないために、時差出勤する程度のことでした。

33年続いた会社員時代においても、やはり朝から出勤するまでのスタートはとても肝心でした。1日のすべてに影響することから、その空気感を大切にしてきたつもりです。おそらく、自分自身のいい加減さも自覚していたからに他なりません。それ以上に、妻のお陰で、すべての身の回りのことを人に頼らず自分でできる環境をつくれたこと。これは、シニア起業してからも大いに役に立ち感謝しています。

外商営業に出かけて帰宅するまでの時間配分も、会社員時代と変わらずに過ごしています。ただ、会社員時代は、帰社してその日の成果をともに分かち合える同僚たちがいてくれたことが大きかったです。また、外商という仕事柄、現金授受も発生します。これも会社員時代と全く同じ管理手法をとりました。コロナ禍で、テレワークが多くなり、在宅せざるを得ない期間を除いて、基本は会社員時代の生活のリズムを継続中です。

まさに「雇われない働き方の管理手法は、サラリーマン時代の生活習慣に右にならえ！」と言えるでしょう。要は、サラリーマン時代の延長線上で行動しながら、時代の変化を読み取り、対応していくことがベストかと考えます。

◆どのようなキャリアデザインも会社員時代の生活のリズムがベース

日本経済が右肩上がりで、年功序列、終身雇用の日本型雇用が当たり前の時代、毎年、一斉に退職した私たちの先輩方から、「長年勤務した会社をめでたくも3月31日で60歳満期定年となった。それにもかかわらず、その翌朝も普段どおりに目が覚め、通勤の身支度を始める自分に『そうか、きょうから会社に行かなくてもよいのだ！』と『ハッ！』と気がついたよ」というような話をよく耳にしたものです。

しかしながら、これからの世の中は、自分で定年を選ぶ時代に移行し、このような風景の感想を定年退職者から聞くこともなくなるでしょう。低成長・少子超高齢社会などが重なったこともあり、例えば70歳まで働いて公的年金の支給開始繰下げを選択すれば、年金が42％増になるなど、選択肢も増えるからに他なりません。

２０２１年４月に「高年齢者雇用安定法」の改正が施行され、産経新聞社によりますと、既に、ＹＫＫグループが定年制度を廃止したり、江崎グリコが再雇用年齢を70歳に引き上げるなど、刻々と働き方は変化しています。今後、再雇用で残るか、転職するか、起業するかなど、シニア後のキャリアデザインを自ら構築する必要が出てまいりました。

どのようなキャリアデザインを構築するにしても、過去のサラリーマン生活のリズムを崩さないことが、健康寿命にもつながり、長年の働き方のベースになるのは間違いありません。

2　人様とのご縁を大切にする

◆人様によって押し上げられたこの7年

会社員時代は、仕事以外で外部の方と個人的に接触する機会は少ないものです。こんなことがありました。単身赴任先の福岡で、週末を利用してNHK文化センター教室に通っていました。そこで出会ったのは、ある車メーカーで販売台数日本一に輝き続け、営業の第一線で77歳まで活躍された当時89歳の気品に満ち溢れた女史。

そのオーラさえ漂う方に出会ったその日に、人生の話で共感くださり「あなたは、独立しても必ずやれると思うわ。まだまだ若いわよ、大丈夫、頑張りなさい」と初対面ながら、背中を押してくださいました。

96歳になられる今でも、仕事とは関係なく懇意にさせていただき、私の今の状況に目を細めてくださっています。その徳を積まれたお人柄から、女史を囲んで学ぼうと集まる方々も多く、交流会も長い歴史を数えています。

◆ご縁は自ら切ってはいけないもの

不思議なもので、ピュアなご縁というものは、紹介により連鎖していくものです。ご縁がご縁を幾重にも紡いでいくうちに、極力、そのご縁の流れを振り返ることを心がけるようにしています。その方と出会った、最初の起点になった方はどなただったかを忘れないようにするためです。まるで家系図をつくるように、忘れっぽい頭に刻み込みます。

起業してから特に感じるのですが、その起点になった方を大切にすることで、縁は切れずにすべてが順調に保たれているような気がしてなりません。人によって学んだことが、自分のものになったとき、誰に学んだか忘れていることと同じです。

人間は、自分に都合よく考える生き物、私のような人間は、特に注意が必要です。ですから、何があろうと相手から離れていかない限り、ご縁は自ら切ってはいけないと思うわけです。

◆自己啓発のためにポジティブに生きる方々の出会いを特に大切にする

起業してのメリットは、会社員時代のようにネガティブな人と無理してお付合いする必要がないことです。年齢を重ねれば重ねるほどに、そのように思ってまいります。サラリーマンである皆さんもネガティブな人を苦手とされる方も多いでしょう。でも、サラリーマンである以上、お付合いしないというわけにもいきません。給料のうちでもありますし、様々な人間が存在して初めて大きな車輪の歯車が回っています。そのネガティブな人も、組織の中では時に重要な役割を担っているかもしれません。

しかしながら、起業してからは、人間力を常に磨き続けなければ、お客様の目にも留めていただけません。したがって、ポジティブな人から刺激を受けながら、経営していくことも大切になります。

私の会社員時代を自己分析すると、「嫌なことがあるとその切替えに時間がかかるタイプ」でした。意外と考え過ぎてしまう部分があったのです。それは、周りの目を気にすることがあったからではないかと、今では冷静に分析ができます。

今は、周りの目を気にする必要もないことから、嫌なことを切り替える時間がほとんどなくなりました。それは、自己啓発につながるご縁を特に大切にする環境から来ているのかもしれません。

3　優先順位が仕事の効率を上げる

◆日々の優先順位はその先にある「ミッション・ビジョン」につながる

私のような「1人経営」は、受発注から納品、回収支払作業までのすべてを自分で賄うことが大前提になります。その点では、組織社会で役割分担して業務を遂行してきたことと大きな違いがあります。誰もが平等に与えられた1日24時間３６５日、いかに効率的に過ごせばよいのか？　当然のことかも知れませんが、「優先順位」を常に念頭に置いて行動することが大切になります。

前にも、起業してスケジューリングする楽しみがやる気につながるとお話しました。特にシニア起業の場合は、仕事に追われるのではなく、仕事を追いかける心と身体の余裕がなければなりません。仕事に追われ、ろくに睡眠もとらず、心身ともに疲弊するような働き方となったとしたら本末転倒です。

ただ、スケジューリングしても、活動した実りの結果として、刻一刻と連絡が入ってきてスケジュールに変更が生じる場合があります。

そこで、現実を時間軸で捉えてみます。すると、私が最優先事項とするのは、シンプルに「お客様との約束」、そして「仕入先への支払いの約束」。この２つを判断の根幹としています。継続するための信用・信頼にかかわることだからです。

また、その行動に優先順位を設定することが、その先にある当初掲げた「ミッションとビジョン」のコミットにつながる行動になると言っても過言ではありません。

◆優先順位にかかわる「４つの領域」から学ぶべきこと

さらに、「ミッション・ビジョン」を見失わないために日頃から念頭に置いていることがあります。皆さんも目にされたことがあると思います。それは、スティーブン・R・コヴィー博士の著書「７つの習慣」の中にある物事を４つの領域に分けた優先順位の捉え方です。

・第一領域：重要で緊急性が高いもの⇒危機や災害・事故、病気・クレームへの対応…

・第二領域：重要で緊急性が高くないもの⇓人間関係の構築・自己啓発・適度な運動…

・第三領域：重要ではないが緊急性が高いもの⇓突然の来訪への対応、多くの会議…

・第四領域：重要ではなく緊急性も高くないもの⇓暇つぶし・だらだら世間話・現実逃避…

第一領域「重要で緊急性が高いもの」については、言うまでもなく誰もが最優先で進めることになります。ここでのポイントになるのが、第二領域「重要で緊急性が高くないもの」と、第三領域「重要ではないが緊急性が高いもの」のどちらを優先すべきかということです。

多くの人は、目の前に差し迫った「緊急性が高い」仕事に取りかかってしまいます。私の場合もそのような傾向が往々にしてありました。しかしながら、ビジネスへの影響度が大きく「ミッション・ビジョン」に繋がるのは、間違いなく第二領域の仕事になります。

具体的に言いますと、緊急度は高くないのですが、重要度が高く、質の高い領域ですね。健康のための適度な運動、将来の計画策定、豊かな人間関係の構築など、将来の成長や豊かな人生を実現する上でも欠かせない領域です。

4　好きなこと、やりたいことが「義務感」に陥らないバランス

◆好きなこと、やりたいことがオーバーフロー

事業を継続するために、自分の好きなこと、やりたいことを時間枠の中に落とし込んでいく。当

初から、それが楽しくて仕方がありませんでした。夢が湧いてくるものですから尚更のことでした。自分の裁量の中で走り続け、片っ端から今後のビジネスに関連することを予定に組み込みました。年齢に関係なく、人間って欲張りなものですね。でも、やる気があればあるほど、皆さんも同じような状態になる経験をお持ちだと思います。

私の場合は、若いときにこのくらいにどん欲な姿勢があったとしたら、もっと人間的にもスキル的にもマシな人生を歩んでいたかもしれません。なぜその楽しさを頭が鈍化したシニアになってから気づいたのか、遅すぎたくらいと感じるぐらい。そうです。実は今が旬なのです。

まるで子どもが未知の世界にワクワク感で飛び込み、いろんな教室に通うようなそんなイメージです。それこそ、私にとっては、前項目で述べましたコヴィー博士の第二領域「重要で緊急性が高くないもの」を一杯にしてしまった感がありました。

でも、時間の経過とともに、好きなこととやりたいことが間もなく時間枠の中で満タンとなり、オーバーフローし始めたのです。そのとき、義務感になりつつあることに「ハッ」と気づいたことがありました。自分の気持ちの中で、やらなければ…、行かなければ…が先行した瞬間に、不思議と今までのワクワク感が消え失せることもあります。

◆時には自分の棚卸のために断捨離も必要

そこで、一定の期間を決めて棚卸し、整理することを始めました。時間枠にある項目の1つひとつを「断捨離」してみることです。コロナ禍以降、在宅が多くなり、最近はよく表舞台に登場する言葉です。断捨離の思想をウィキペディアで調べますと、それぞれの文字に意味合いが存在するのですね。

・断捨離《ヨーガの行法《ぎょうほう》（絶対的幸福の追求）である断行《だんぎょう》・捨行《しゃぎょう》・離行《りぎょう》に対応し、①断：入ってくる不要な物を断つ、②捨：家にずっとある不要な物を捨てる、③離：物への執着から離れる、すなわち「断捨離」とは、不要な物を「断ち」「捨て」、物への執着から「離れる」ことにより、「もったいない」という固定概念に凝り固まってしまった心を開放し、身軽で快適な生活と人生を手に入れようとする思想》と記述してあります。

大切なことは、「もったいない」という固定概念に凝り固まってしまった心を開放することで、また身軽に再スタートできることを考えれば、仕事上も同じことが言えるのではないかと思います。

実際に、シニア起業して、自分が、好きなこと、やりたいことを一杯にしながらも、すべてが「もったいない」という思いから突き進んでしまい、最終的には義務感に移行し、凝り固まってしまったと言えましょう。断捨離することで、心もクリアになり、「ミッション・ビジョン」を見失わないことにも繋がっています。

義務感ばかりが増えて行動すると、誰でもそのストレスから心身が辛くなってくるものです。プラス思考だけでは解決できないことも様々にあり、ときには思い切って断捨離するバランスが必要です。

5　うまくいっても調子に乗らない

◆「つつましさ」を心がける

起業後に、健康さえ維持することができれば、シニアでも20年ないし30年は楽しく働ける時代です。人によっては、サラリーマンで勤めた以上に長丁場になる方もいらっしゃるかも知れません。皆さんも自身のご経験からおわかりのように、必ずしもその20年、30年がずっと順風満帆であるとは限りません。予想もしないときに、例えば、コロナ禍のように、「浮き沈み」は必ずやってくるものです。

ですから、起業してすぐに経営が順調にいったからといって、調子に乗らないことです。少し儲けが出たからといって、役員報酬を必要以上に上げて、高級車を乗り回したり、毎日のように豪遊したりしないことです。これもまた、サラリーマン時代のリズムを思い出して、つつましく生活をすべきなのです。そのほうが健康寿命に繋がるでしょう。シニアになってから急に豪遊したことが、逆に命取りになることさえあります。

シニア起業は、グライダーのごとく省力化して長時間飛び続ける、それが、やはり一番お似合いの人生ではないか、少なくとも私はそう思います。

人間、不思議なもので、必要以上の贅沢を味わってしまうと、状況が悪化しても普通の生活を取り戻せないものです。そのような経営者の方々をたくさん見てきました。

人それぞれの人生、考え方も様々でしょうが、自分自身にとってはつつましく生きるほうが性に合っているような気がします。

◆実るほど頭を垂れる稲穂かな

うまくいっても調子に乗らない「謙虚さ」を旨とする、私も大好きな名句の1つです。

日本経済を支えてきた松下幸之助翁を始めとする名経営者たち。晩年まで謙虚さを失わずトップとして君臨し、そして歴史に名を刻んだ方が多く存在します。

私も18歳のときに手にした「道をひらく」(松下幸之助著)は、約44年が経ち、黄ばんだ紙色にますます愛着さえ感じます。

その120項目ほどに及ぶ人生訓は、世の中が変わろうと、すべて色褪せることなく不変の真理として刻まれています。

また、その文脈にも謙虚な人柄が偲ばれ、お気持ちがしみじみと伝わってきます。謙虚さというものは、なかなか一朝一夕で身につくものでもありません。幼少の頃から逆風に耐え、無一文のところから徳を積まれた結果、多くの雇用を生み出し、皆を幸せにして来られたわけです。

そのようなことを踏まえますと、私のようなはしくれの経営者が、少し儲けたからといって必要以上の贅沢をするのは、とてもおこがましいのではないかと思えます。

◆人と比較する必要がないことを重視する

サラリーマンの競争社会においては、特に言えることではないでしょうか。言葉には出さなくとも、人と自分を比較してしまい、劣等感にさいなまれたり、優越感に浸ったりと一喜一憂する世界が広がっているものです。場合によっては、前向きではない感情に支配されてしまうこともあります。

一方、起業したら、人との比較ではなく、自分との闘いです。「調子に乗るのは言語道断！」と常に自分に言い聞かせている毎日です。

6　お客様が笑顔で喜ばれる姿をイメージして仕事に取り組む

◆準備段階の真剣さが結果につながる

私の生業は、必需品の販売ではなく、夢をお買い上げいただく宝石・芸術品そのものの世界です。ですから、いつも頭にある原点は、「お客様の笑顔をつくる付加価値の創出」なのです。このシンプルなミッションは、おそらく働き続ける限りぶれることはないでしょう。

そして、拠点としている銀座は、日本の伝統工芸品を始め、世界でも名だたる著名企業がブランドのフラッグシップショップ（旗艦店）を展開しています。多くの逸品が軒を連ね、世界からも高い評価を得ている街でもあります。銀座を歩いていますと、日々変わるショーウィンドウの風景に、私自身も足を止めては見入ってしまうことが多いのも事実です。

長年の営業上の経験からなのか、頭の思考回路がお客様お1人おひとりの感性・嗜好を記憶しているために、立ち止まっては「この作品は、あのお客様のお好みかな。手に取られたら満面の笑顔でお喜びになるだろうな…」なんて想像し、1人で楽しくなることもあります。完全にアンテナが右脳だけしか働かなくなっているような、そんな感じなのです。そう、一種の病《やまい》みたいなものです。だから「イメージするな！」と言われたとしても、やめることはないでしょう。

銀座にお見えになったお客様と会食しながら、予め準備した、お客様が笑顔になるであろう作品をお見せし、イメージどおりの笑みがこぼれて、自分の勘が的中したと感じる瞬間は、この上ない営業冥利に尽きるものです。

お買い求めになる、なられない以前のプロセスを大切にするように心がけています。目には見えない準備段階こそ、既にお客様に対するおもてなしが始まっているのかも知れません。いかにお客様がお喜びになることを的中させて確率を上げる準備をするかにかかっています。その準備段階こそが、さらに自分を磨く人間力にもつながると思いながら日々活動しております。

◆購買決定権は女性が8割を持つ

現在、私がお取引させていただいているお客様の70％は女性です。皆さんも、こんなことをお気づきなったことはありませんか。例えば、銀座界隈の百貨店、三越、松屋辺りの店内を見渡しても、化粧品や服、ファッション雑貨など、女性向けの商品やサービスの売場面積が圧倒的に広いです。人口比から言っても男女比は半々くらいなのに、これが現実なのです。

私は、会社員時代から偶然にもジュエリーという世界にご縁があったから理解できるのですが、女性の方々は、仕事上の関係者だけではなく、子育てのときから地域のコミュニティーとも接しており、アクティブでかつ情報交換の量も男性より圧倒的に多く、商品のよし悪しのうわさまで詳細によく知っているのです。

したがって、商品を見る目も厳しく、妥協して購入しがちな男性とはわけが違います。ましてや、女性のほうが長生きという点でも注目すべきでしょう。家庭内の購買決定権の８割は女性と言う話をよく聞きます。ところが、８割どころか、「購買決定権の89・８％は女性（２０１９年８月株式会社ハー・ストーリィ調べ）」という調査結果もあるようです。

世界のトレンドも女性化してきているといわれる現在、今後のマーケットは、ますます女性のお客様の笑顔をつくることが鍵になると言えましょう。

7　1つひとつの取引が「三方よし」になっているか

◆買い手よし、売り手よし、世間よし

ビジネスを司る者にとっては、大切にすべき「三方よし」。誰もが行動の基本とする言葉ではな

いかと思います。もちろん、私の場合も、自ら商いを行うようになった起業時から大切にしていることです。

ご存知のように、江戸時代から明治にかけて日本各地で活躍した近江商人。高島屋や伊藤忠商事など、わが国を代表する企業のルーツとされる経営哲学を表す言葉として、とても有名です。また、記憶に新しいニュースとして、伊藤忠商事は創業者の近江商人であった伊藤忠兵衛氏の原点に戻るため、２０２０年4月に経営理念を「三方よし」に改めたほどです。近江商人が、信用を得るために大切にしていたのが、「買い手よし、売り手よし、世間よし」というこの『三方よし』の精神でした。

つまり、商いは、自らの利益のみならず、買い手であるお客様はもちろんのこと、世の中にとってもよいものであるべきという、現代の経営哲学にも通じる考え方です。「世間よし」は、現代の企業活動であるＣＳＲ（社会的責任、社会貢献活動）にも受け継がれています。

◆三方よしの原点にあるもの

なぜ、このような哲学が近江商人に必要だったのかの要点を纏めてみますと、彼らはもともと近江国内よりも、他国に出向いて商売をしていたのです。いわゆる行商スタイルです。京の都に近いこともあり、上方（現在の近畿地方一帯）の物産品を地方に持って行き、今度は地方の物産品を持ち帰って上方で販売したようです。

ただ、何のゆかりもない地方で行商を続けていくためには、信頼を勝ち得る必要がありました。

利益は二の次で、あくまで地方への貢献を徹底的に説きながら行商をやり続けたとのことです。江戸時代から明治にかけての徹底ぶりがいかほどのものだったか想像に値します。大河ドラマのシーンに出てきそうな映像が浮かんできそうです。

◆「売り手よし」の本質とは

私にとって注目すべきは、「売り手よし」の部分です。これは、自分たちのことを言っているのではなく、本質的には「仕入先」のことを意味しているのではないかと思うのです。ある会合で、この学びを得て、至極感激したことがありました。

今を振り返ると、事業をスタートさせた当時、仕入先の確保に苦労があった際、お声をかけていただいたことがどれほど嬉しかったことか、そのことを踏まえると、「お客様よし、仕入先よし、社会貢献よし」と捉えたほうが大義に適う気がしてなりません。

１つひとつのビジネスにおいてかかわってくださった方々が、オールハッピーで成立したときの達成感は何ともいえない気持ちです。

その結果として、利益がもたらされることを考えれば、感謝せずにはおられません。

また、この近江商人の言葉のルーツを汲む企業は、全国各地に数多く存在します。私が育った鹿児島、幼少の頃に家族で出かける唯一の楽しみであった空間、山形屋デパートもその１つであることを考えると、その哲学はいたるところで実践されていると言えましょう。

8　広告ではなく「広報」に努める

◆職種によっては必要な広告媒体

ビジネス展開する際に必要となる発信力。広告は、企業活動において自社の商品やサービスを見込みのお客様に伝え、知名度や認知度の向上に大きく寄与するものです。さらに、企業のイメージアップには欠かせないものでしょう。

身近なものでは、イベントのために作成するリーフレットやチラシをはじめとする告知広告から、大きく捉えると、雑誌、新聞、テレビＣＭ、Ｗｅｂなどのメディア広告と多種多様です。

私の場合も、当初から銀座に拠点を構え、夢を売る生業上、発信力が必要と判断してきました。しかし、シニア起業でもあり、身の丈と費用対効果を考えれば、せいぜいできることは、公的補助金なども視野に入れたリーフレットやチラシ作成などに限られておりました。

◆新聞記事の取材にお声がけいただいて

ありがたいことに、真面目に地道にさえ活動していたら、応援してくださる方が現れるものです。

起業間もない頃、産経新聞社が発行する夕刊フジとオフィスでお世話になっている銀座セカンドライフ（株）の代表、片桐実央氏とのタイアップ記事「定年起業への挑戦」にお声がけくださる幸運に恵まれました。これは、広報の上手い片桐さんとのつながりが生きた結果でもありました。また、私自身も広告ではなく、「広報」に努めることがいかに大切か気づきを与えられる機会にもなりました。

また、その際に取材くださった藤木俊明氏との出会いは、その後の活動にも大きくプラスに影響することになります。藤木さんは、ＮＨＫ「ごごナマ・きわめびと」など、ＴＶ出演でも大きな反響を呼ぶなど、副業評論家・シニア起業ジャーナリストとして活動されております。私が起業した当初に、前後して偶然にも毎週の連載が始まった「定年起業への挑戦」…。

その後7年続き、５回ほど取材掲載くださいました。無償掲載いただく新聞記事は、資金力のない小規模事業者にとってありがたく、大きな追い風となります。また、広告以上の宣伝効果が見込め、計り知れないイメージアップにも繋がりました。

その重要性の認識から、新規のお客様を開拓する際も、掲載記事を紹介ツールとして最大限に有効活用しています。ちなみに、藤木さんとは、現在でも親交を深め、7年来のよき友人でもあります。

◆広報が広報を生み連鎖することに

夕刊フジをスタートに、その後も「週刊ＡＥＲＡ・人生１００年時代の働き方」「日経ＭＪ新聞・50歳からのゆる起業」や、故郷の「南日本新聞・鹿児島 人物語」「キャリア教育情報誌・しごとびと」などに広報は広がりをみせ、連綿と続いております。

起業して7年、取材して原稿を作成し、記事にするまでのプロセスを様々な記者さんとご一緒しておりますと、そのご苦労たるや、実際の記事にする何倍もの情報量をインプットし、それを限られた紙面に収めるプロ意識にも魂を感ぜざるを得ません。

それだけに、記事にしてくださったものは、すべて自分にとって「生きた広報」として無駄にすることなく有効活用し続けております。ホームページ、ＳＮＳなどにも連携させています。入魂の記事を活用することは、広報が広報を生み、連鎖しているような気がしてなりません。

9　地元とのつながりを見直す

◆東京⇕鹿児島の二重生活に恵まれて

起業する際に、キャリアデザインの1つであった鹿児島の実家の母の見守り。毎月東京で20日、鹿児島で10日の二重生活は、コロナ禍の間を除いて現在も継続中です。当初は、故郷を離れ33年以上も経過しており、「浦島太郎」状態そのものでした。そして、再び始まった故郷での新たな出会いと交流。

今から思い起こすと、その起点となったのは、お2人の出会いからでした。

1人目は、Ｆａｃｅｂｏｏｋで出会ったＦＭきりしまのパーソナリティ女性。それは、母を喜ばすために温泉に出かけた際のことでした。偶然にもパーソナリティの彼女が担当する番組が、オンエアー中でタイミングよく母の好きな三山ひろしの演歌をリクエストしたことがありました。リクエストに応えてくれただけではなく、心のこもった人生観の語りに、母も私もそのお人柄を察し、至極共感を覚えたことがご縁の始まりでした。

２人目は、関東在住の尊敬する同業者の先輩から、鹿児島との二重生活を始めるのであればどうしても紹介したい素晴らしい男がいるとの連絡からでした。半強制的に会わされたところ、オリーブオイル輸入業などマルチに活躍する連続起業家でありながら、大変豊かなお人柄で、とても共感を覚えました。また、その徳から故郷での幅広い人的ネットワークもお持ちでした。

お２人との新たな出会いは、その後、自然発生的に故郷での有志交流会に発展していくことになります。

◆故郷で始まった新たな交流会が刺激とアイデアを生む

鹿児島市の情緒ある甲突川に架かる西田橋のたもとにある、パーソナリティ女性の親友が経営する「居酒屋・花りん」で始まった交流会。

当初、ガラス作家、文筆家を含め５人でスタートした定例会は、いつの日か「夢を実現する花りんの会」となり、世界的建築家・高崎正治氏をはじめ、ファイナンシャルプランナー、物産館店主、薬剤師、服飾デザイナー、カメラマン、農業法人、社会福祉法人などの経営者をはじめ学校教諭、大学教授、医療従事者など多岐にわたる業種の方々が集い、私はもちろん、お互いに刺激を受けながら日々の仕事の励みにしています。

地域社会を盛り上げようと、約３か月に１回開催（コロナ禍中は自粛）される会も、現在27回を数え、多いときは30名近くの参加者になります。

◆ステイホームで気づいた地元の素晴らしさ

自分の住む千葉県・浦安市、その地域のことを知らないままに過ごしたサラリーマン時代、そしてシニア起業後も銀座を拠点に活動することを考えると、全く同じことが言え、現役のまま働いていたら、永遠に地域のことを知らないままに過ごすところでした。確かに、地域活動に興味を持つのは、圧倒的にリタイアしたあとの高齢者か専業主婦の方々と言われるのも理解できます。

コロナ禍の在宅のお陰で、地域でのビジネスや社会貢献を考えるようになりました。浦安市の東京湾に隣接する一帯は、新興住宅地として開発された素敵な街並みが続き、小洒落た公民館や公共施設も多く存在します。様々な教室、講習会も実施されているのを在宅で初めて知ることになりました。

コロナ禍以降は、地元のつながりも考え、イベント企画なども視野に入れていければと思っています。

皆さんも、在宅が増えて、地域とのつながりを考えるよい機会になったのではないでしょうか。

10　趣味においても「真・善・美」に触れる機会を増やす

◆起業後、感性を磨くことが趣味の一環となる

お客様に夢を売る生業上、顔に似合わず、美的感覚とか美的意識を少しでも高めたいこともあり、

オーケストラ鑑賞や美術館・博物館に足を運ぶことを心がけるようになりました。１人で楽しめて、いつしか個人的な趣味の一環になっています。

東京という都市が素晴らしいのは、自分さえその気になれば、毎日のように文化芸術に触れられる場があることです。例えば、オーケストラであれば、仕事の空き時間にＷｅｂサイトで調べるだけでタイムリーにアマチュア、プロの公演を見つけられることがあります。無料開催なども多く、起業してから7年の間１７０回以上はコンサートホールに出かけています。

また、上野に足を運べば、何某かの美術鑑賞に触れることもできます。生業上、感性を磨くということは、直観力を鍛えることにもつながっているような気がしてなりません。

最近は、論理を越えたビジネススキルを磨く上で多くの企業が採り入れているのが、ＶＴＳ(Visual Thinking Strategies) という手法だと聞きます。ＶＴＳの大きな特徴は、鑑賞中に作品名や作者名、解説文など、いわゆるキャプションに載っている情報を用いないことです。絵画などの美術鑑賞の後、感じたことを話し合い、他人の目にその絵画がどのように見えるのかなどを知りながら、自分なりの答えを導き出す力を磨くことなのですね。

◆「真・善・美」は人間が生きる上で最高の状態

「真・善・美」―日本人に親和性があるので、私のような者でもごく普通に使ってしまうこの言葉の意味を振り返ってみます。調べてみると、哲学においては「認識上の真」「倫理上の善」「審美上の美」と整理され、一般的な概念としては、嘘・偽りがなく、道徳的・倫理的に正しく、美と調和する状態をいい、人間が生きる上での最高の状態を表す言葉として比喩的に用いられているようです。

確かに、「真と善」は、ビジネス団体などで学ぶ機会も多く、永遠に修行を続けることが大切なことです。これまで、当たり前だと思っていたことが次々と変化し、先が見通せない時代でもあります。さらに、SNSやメディアの膨大な情報量に流されて自分を見失ってしまうことだってあり得ます。

自分を見失わないためにも、拠り所になる不変の価値を持とうとするための言葉なのかもしれません。また、「真と善」を学ぶことこそ、基本的に美意識につながる根幹そのものなのだとも言えることが理解できました。

さらに、人生の目標や理想として掲げる人も多く、著名人の中ではユニクロ創業者である柳井正氏が生き方のモットーとしてこの言葉がよく紹介されていますので、引用いたします。

「私の生き方のモットーは、正しいことをする、行動しながら修正していくということです。毎日の生活では、『真善美』を実践するように最善を尽くしています。英語では「Truth」「Goodness」「Beauty」と訳されるそれらの価値観を持ち続けることで、人生を信頼できる方法で生きていくことができると信じています」(フォーブス・ジャパン　100人の名言「私がビジネスで学んだこと」vol.6)。

第6章　事業を継続させるためのお金の回し方の秘策（小売業の場合）

1　基本は手持ち資金で回す

◆ビジネスにおいてお金は特にシンプル

人生で歩み続けている以上は、サラリーマンであろうが、自営業であろうが、お金の問題はついて回るものです。それが現実ではないでしょうか。

シンプルに考えたら、入ってくるお金が出ていくお金より多ければ、生活はとても安定します。ビジネスにおいても、商売が成り立ち、ずっと継続できることになります。

特に、ビジネスにおいて、お金はシンプルです。ですから、冷静な判断さえできれば、ビジネスで大きな損害を被ることもないですし、路頭に迷うこともないと思います。

前にもお話しましたが、起業する際に、設備投資などのためなどに融資を受けなくて済む業種であれば、できる限り今ある手持ち資金の中からお金を回すことをお考えになるべきでしょう。あくまでも、私のように会社を大きくすることではなく、地道に稼いで長年継続することに重点を置くシニア起業のケースにおいてですが。

実際に、第2章のデータにもありましたが、自己資金だけで起業した人の割合も75%を超えています。このことは、起業時に限ったことではありません。基本的に事業を継続している間は、手持ち資金で賄うことが原則です。

もし、資金がショートしそうになったら、代表者個人から借入を起こせば充分に対応できるはずです。また、外からの融資を受けるよりも、会社＝代表者個人が一心同体になるために、会社に融資したというお金に対する責任も増し、現実味を帯びます。融資した分だけ、早めに返済してもらうように頑張らねばとやりがいに繋がるものです。スモールビジネスであれば可能なことです。ちなみに、会社から代表者個人がお金を借りることは言語道断です。

◆お金を使わないでできる方法を模索する

借りなければいけない理由なんて存在しません。事業を行うには、確かに資金は必要ですが、起業してから軌道に乗るまで、できるだけ出費を抑える必要があります。その処方箋は、「お金を使う優先順位をつけること」、そして「お金を使わないでできる方法を模索すること」です。

例えば、景気が悪いときに起業した人のほうが、景気がよいときに起業した人よりも、後々に業績を伸ばせる確率が高いと言われるのと同じです。

それは、景気がよいときに起業すると、銀行などの融資条件も緩くなり、資金調達も容易で、その事業自体が優れたものでなくても運営できてしまうことがあります。日本のバブル期には、その傾向がまん延していたのではないでしょうか。景気が1度悪化すると、そもそも事業の仕組み自体が脆弱なので、注文も極端に減少し、貸付さえも受けられなくなり、手持ち資金も底を尽き、負債を抱えて倒産するという状態です。

その反面、景気が悪いときに起業した人には、銀行などの融資条件も当たり前に厳しく、どんなに優れた事業であっても、苦労が絶えない環境でスタートします。そのために、極力出費を抑え、お金を使わないでできる方法を模索しながら、何とか運営するでしょう。そんな事業者は、1度景気がよくなると急成長する確率が格段に高くなるのです。

2　固定費を当たり前と思わない

◆起業の準備段階で固定費を極小に

中小企業庁による費用分解基準を参考にしますと、卸・小売業の「固定費」とは、売上の増減にかかわらず発生する人件費や地代家賃、旅費交通費、通信費、広告宣伝費、水道光熱費など会社が事業を営む上で必要な一定額の費用を指します。

コロナ禍の経験から、経営改善のために固定費を見直す会社が特に多くなったのではないかと思います。業種によっては、テレワークが進み、オフィスが駅前にある必要性などがなくなり、地代家賃を始めとした削減を検討する会社も増えています。

ご存知のように、売上に対する固定費の比率が低いほど損益分岐点が低くなり、利益が出しやすくなるわけです。弊社の場合も、スモールビジネスとはいえ、起業する準備段階で、この部分を極小にすることを念頭において動いたのは確かです。私のようなアバウトな人間にとって、時の経過とともに定期的に発生する費用が必ず当たり前という錯覚に陥ってしまう危険性があったからに他なりません。

結果的に、人件費は、1人経営をベースとし、必要に応じてアウトソーシング（外部委託）をお願いする、地代家賃はレンタルオフィスを利用するなど、固定費の大部分を極小に抑えてスタートしたのは正解だったと思います。と言いますのも、その後、思いもよらないコロナ禍が起こり、スモールビジネスでも大幅な売上減となったからです。

お陰様で、政府の小規模事業者・持続化給付金にも助けられながら、固定費を極小に抑えられていたことで、瀕死の状態だけは避けられたような気がします。

ちなみに、2020年に実施された持続化給付金の場合、法人への（最大）給付金額は個人事業主の倍額に設定されていました。個人事業主と法人、運営実態はそんなに変わらなくても、公的支援を受ける場合、こうした配慮がされるのですね。

◆変動費で大切なこと―必要最低限の在庫以外は持たない

「固定費」に対し、売上の増減に比例して発生する仕入代金、外注費などは「変動費」となります。

卸・小売業でも、業界によって商慣習も異なり、仕入の方法なども微妙に違うと思われますが、一般論として、在庫は極力抑えたいと思うのが経営者としての本音でもあります。

しかしながら、付加価値が高く、お客様は満面の笑顔で喜ばれるはずだと判断した作品、商品については、機を逸することなくタイムリーに仕入れることも必要です。そのような場合は、特注してまでも仕入れるように心がけています。

自分自身が欲しいと思う作品、商品は足も早く、在庫になることがないため、完成した時点で売約済みになることがほとんどです。さらに、秀逸な作品については、製作中にご予約いただく場合さえあります。それこそ、売上の増減に比例して仕入代金も変動すると言えましょう。

ただ、イベント企画などでお客様を集客して販売する場合は、メーカーの了解を得て、委託消化仕入を主流としています。通常の仕入においても同じことが言えます。機会損失にならない最低限の在庫と委託消化仕入の両立のバランスはとても重要です。

在庫は、期末に棚卸資産となり、会社の資産として計上します。貸借対照表上では、資産として価値は維持されますが、その分キャッシュフローが悪化し、使える資金がなくなります。当然のことですが、売れなければお金になりません。もちろん、在庫のままでは、資金として使うこともできません。したがって、過剰在庫とならないように、必要最低限の在庫以外は持たないことが鉄則になります。

◆キャッシュフローの大切さ

独立起業すると、このキャッシュフローの大切さがよくわかります。貸借対照表（B/S）や損益計算書（P/L）も大切ですが、日々の会社経営で最も大切なのはキャッシュフロー計算書（C/F）

ではないでしょうか？　帳簿上では利益が出ているのに、手元にお金がない、仕入に対する支払期日がそこまで来ているのにどうしようという経験は、サラリーマンでいたときにはわからない恐怖です。

ひと言で言うと、「現金がなくなったら終り」です。例えは悪いですが、戦争で、弾薬や兵糧がなくなったらもう負けです。そして、実際の戦いではなく、そういった弾薬切れ、兵糧切れで負ける戦いの何と多いことでしょうか。せっかく起業に興味があったのに水を差された……、とお感じになるかもしれません。そういう怖さがあるからこそ、スモールスタート、スモール起業、そして手持ち資金の把握など、ことキャッシュに関してはしっかり考えておくことが必要だと思うのです。

3　適正に稼いで当初の利益は投資に回す

◆借入をなるべく抑えるために

自分の起業当初のことを思い出してみますと、会社をとにかく継続させるためにと、当初1年ほどは役員報酬を受け取らずにおりました。決して褒められたことではないですが、起業したばかりの時期は、経営者と会社が一心同体であるべきで、先が見通せるまでは当然のことではないかと思っていたのです。自分の報酬は後回しでよいのです。

起業当初、大した利益もないのに、役員報酬をもらうなんて、自分の中では本末転倒だとしか思えませんでした。スタートアップのときには、そんな純粋な心構えの経営者の方は多いでしょう。自分としても正しい判断だったと信じています。

まずは、借金することなく、小さな利益でもプールし、次の投資に回すことで、先が見えてくるのではないかと感じていました。利益を役員報酬として受け取るのではなく、事業活動継続のためのネットワークづくり、新規お客様の開拓資金、仕入などに回していました。

シニア起業は、心の余裕を持ちながら、適正に小さく稼いで長く経営することが目的です。当初は、可能な範囲で、次への投資を優先すべきだと考えます。

◆回収と支払いの絶妙なハンドルさばきも必要

また借金することなく、稼いだ利益を次の投資に効率的に回そうとする場合、回収と支払いの間隔を上手にハンドリングすることも肝要でしょう。できるだけ早く回収して支払いまでの日数の間隔を長くすること。これだけのことをきっちり正しく行うだけで、手元にある現金を少しでも有効活用できるはずです。

要は、支払う前にお金が入金され、支払いまでの間隔が長ければ長いほど、次の一手が打ちやすくなることです。支払いサイトについて1つひとつ丁寧に心がけていくことで、ある意味我慢の経営を繰り返せば、融資を受けることなく、事業を回転させていける。このことは、間違いない事実だと自分の体験で認識しました。

前述のとおり、経営のベースとなるのはキャッシュフローです。在庫は最小限に抑え、売掛金は早期に回収する、現実に経営してみると目の当たりになります。手元のキャッシュが少しでも増えるよう、スタートアップ時からのハンドルさばきこそが重要です。

◆会社員時代に学んだ「値決めは経営」

33年の会社員時代の営業経験で、商談のクロージングの際必ず頭をよぎった言葉は、「値決めは経営」。これは、京セラ創業者・稲盛和夫氏の言葉です。特に月末のノルマ達成がかかった締め間際の商談中、注文が欲しいものですから、何の根拠もないままに値引をしようと思うときがありました。その際には、この言葉が襲ってきたものです。その要旨は、次のとおりです。

「値決めは、製品の価値を正確に判断した上で、製品1個当たりの利幅と、販売数量の積が極大値になる1点を求めることで行います。またその1点は、お客様が喜んで買ってくださる最高の値段にしなければなりません。こうして熟慮を重ねて決めた価格の中で、最大の利益を生み出す経営努力が必要となります。その際には、材料費や人件費などの諸経費がいくらかかるといった、固定概念や常識は一切捨て去るべきです。仕様や品質など、与えられた要件をすべて満たす範囲で、製品を最も低いコストで製造する努力を徹底して行うことが不可欠です。値決めは、経営者の仕事であり、経営者の人格がそのまま現れるのです」（稲盛和夫氏「第21回盛和塾世界大会・２０１３年7月18日」要旨）。

「値決め（プライシング）」こそがトップの仕事であり、お客様が喜び、自分の儲かるポイントはただ1点で決まる。その重要性を説いたものです。退職し、起業してからも日頃大切にしている言葉です。お客様へ夢を売る仕事を持つ私にとって、お客様がご満足いただき、買ってくださる最高の値段にすることが使命感でもあります。事業を継続させるためにお金を回すためのベースになる利益は、研ぎ澄まされた「値決め」でなければならないことを、肝に銘じて活動したく思っています。

4　必要に応じて公的融資、補助金、給付金などを活用

◆公的融資「新創業融資制度」（日本政策金融公庫）を受けるには

スモールビジネスにおいて融資を受けることなくスタートアップする大切さを経験に基づきお話してきました。しかし、業種によっては、設備投資などが必要で、「自己資金＋融資」でしっかり資金調達を行い、それにより事業活動をスムーズに進めて社会的信用を高めることも必要です。その場合は、公的機関、日本政策金融公庫の「新創業融資制度」をおすすめします。

一般的な法人・個人事業主向け融資は、当初からある程度の事業実績と社会的信用がなければ受けることができません。しかしながら、「新創業融資制度」は、新たに事業を始める創業希望者や創業後間もない事業者向けに設けられた、一定の条件を満たせば、無担保・無保証人で利用できる制度です。利用条件を要点のみ纏めてみますと次のとおりです。

●**利用条件**（次のすべての要件を満たすこと）

①　対象者の要件：新たに事業を始める方または事業開始後税務申告を２期終えていない方

②　自己資金の要件：新たに事業を始める方、または事業開始後税務申告を１期終えていない方は、創業時において創業資金総額の10分の１以上の自己資金（事業に使用される予定の資金）を確認できる方。ただし、「現在お勤めの企業と同じ業種の事業を始める方」、「産業競争力強化法に定める認定特定創業支援等事業を受けて事業を始める方」等に該当する場合は、本要件を満たすものとする。

③　使途：新たに事業を始めるため、または事業開始後に必要とする設備資金および運転資金。

④　融資限度額：３，０００万円（うち運転資金１，５００万円）。

⑤　担保・保証人：原則不要。

※事業計画書の提出など詳細については、新創業融資制度のＨＰをご覧ください。また、日本政策金融公庫は、全国の都市に支店窓口を有しています。直接相談に行くのも手でしょう。

https://www.jfc.go.jp/n/finance/search/04_shinsogyo_m.html)

◆**公的補助金、給付金の活用について**

公的補助金、給付金は、国や自治体の政策目標に合わせて様々な分野で募集されており、個人事業主・小規模事業者などの取組みをサポートするために資金の一部を給付するというものです。必ずしも事業の全額が補助されるわけではありませんが、それぞれの補助金の「目的・趣旨」を確認し、事業とマッチする補助金を見つけることは大切なことです。

融資とは異なり、返済義務はありませんが、公的補助金は、諸々の審査がありますので、採択されなければもらえません。また、採択されても、原則、補助金は請求払いの後払いになります。必要書類を提出して検査を受けた後に、受け取ることになります。そのあたりを踏まえて準備に取りかかる必要があります。

自治体によっては、ユニークな補助金もたくさんあり、シニア起業者にとっても本当にありがたいサポートだと日頃から感謝しております。

私も、東京銀座で起業した際に、管轄の中央区が募集していたホームページ制作の中小企業補助金事業に応募しました。提出書類もシンプルで、指定された応募の日に、区役所に出かけ、書類の記入が正確でかつ早く提出した事業者、先着20社を採択するというユニークな補助金がありました。

公的補助金、給付金については、いかに正しい情報を早く入手するかにかかってきます。そこで、中小企業庁が運営している中小企業向け補助金・総合支援のサイト「ミラサポ plus」がとても便利です。起業される際は、いつでも開けるようにスマートフォンのホーム画面に追加されることをおすすめします。

※ミラサポ plus（https://mirasapo-plus.go.jp/）

5　地方創生起業支援事業に参画してみる

◆条件不利地域で支援を受けて起業するのも１つ

地方創生が叫ばれる中、コロナ時代の起業の1つの選択肢ではないかと考えます。特に地域への社会貢献につながることを考えれば、シニアにとってこの上ない起業の大義があるのではと思います。

例えば、千葉県に住む私が、条件不利地域に指定された南房総市で地域の問題解決に資する事業を起こした場合、その伴走支援と事業費の助成を受けることができる内容です。もちろん、東京圏以外の道府県で指定された地域に移住し起業することも可能です。

この場合、故郷も視野に入れ、コロナ後の時代変化に順応する働き方かもしれません。東京圏以外の道府県はもちろんのこと、東京圏（※1）の条件不利地域（※2）において社会的事業の起業を行うことで助成金が交付されることになります。

※1・東京圏：東京都、埼玉県、千葉県、神奈川県。

※2・条件不利地域：「過疎地域の持続的発展の支援に関する特別措置法」「山村振興法」「離島振興法」「半島振興法」「小笠原諸島振興開発特別措置法」の対象地域を有する市町村（政令指定都市を除く）。

●一都三県の条件不利地域の市町村

・東京都：檜原村、奥多摩町、大島町、利島村、新島村、神津島村、三宅村、御蔵島村、八丈町、青ケ島村、小笠原村

・埼玉県：秩父市、飯能市、本庄市、ときがわ町、横瀬町、皆野町、小鹿野町、東秩父村、神川町

・千葉県：館山市、旭市、勝浦市、鴨川市、富津市、いすみ市、南房総市、東庄町、長南町、大多喜町、御宿町、鋸南町

・神奈川県：山北町、真鶴町、清川村

概要と起業支援金の対象

概要並びに起業支援金の対象については次のとおりです。

【地方創生起業支援事業の概要】

都道府県が、地域の課題解決に資する社会的事業を新たに起業等する方を対象に、起業等のための伴走支援と事業費への助成（最大200万円）を通して、効果的な起業等を促進し、地域課題の解決を通して地方創生を実現することを目的とした事業です。

なお、事業分野としては、子育て支援や地域産品を活用する飲食店、買物弱者支援、まちづくり推進など地域の課題に応じた幅広いものが想定されます。

都道府県が選定する執行団体が、計画の審査や事業立上に向けた伴走支援を行うとともに、起業等に必要な経費の2分の1に相当する額を交付します。

【起業支援金の対象者】

◎新たに起業する場合

次の①~③のすべてを満たすことが必要。

① 東京圏以外の道府県または東京圏内の条件不利地域において社会的事業の起業を行うこと。

② 公募開始日以降、補助事業期間完了日までに、個人開業届または法人の設立を行うこと。

③ 起業地の都道府県内に居住していること、または居住する予定であること。

◎事業承継または第二創業する場合

次の①~③のすべてを満たすことが必要。

① 東京圏以外の道府県または東京圏の条件不利地域において、Society5.0（※3）関連業種等の付加価値の高い分野で、社会的事業を 事業承継または第二創業により実施すること。。

② 公募開始日以降、補助事業期間完了日までに事業承継または第二創業を行うもの。

③ 本事業を行う都道府県内に居住していること、または居住する予定であること。

※3・Society5.0：サイバー空間（仮想空間）とフィジカル空間（現実空間）を高度に融合させたシステムにより、経済発展と社会的課題の解決を両立する、人間中心の社会（Society）狩猟社会（Society 1.0）、農耕社会（Society 2.0）、工業社会（Society 3.0）、情報社会（Society 4.0）

に続く、新たな社会を指すもので、第5期科学技術基本計画において我が国が目指すべき未来社会の姿として初めて提唱されました（内閣府ホームページより）。

地方創生起業支援事業の詳細については内閣府のＷｅｂ（https://www.chisou.go.jp/sousei/kigyou_shienkin.html）をご覧ください。

6　事業を継続するための自分自身の心構え

◆金銭面で公私混同しない

シニア起業後の「1人経営」は、自分に対する管理能力が問われ、自分と向き合う「孤独との闘い」の日々でもあります。当然、金銭面の線引きを自分の中で正しく判断できなければいけません。仕事に繋がるものは会社の経費、個人で楽しむものは個人の出費、会社から個人的にお金を借りない、引き出さないことです。

当たり前のことですが、判断の線引きを勝手に曖昧にしたり、見えなくしたときに、事業の崩壊が始まるものです。自分には甘くなるのが人間です。ここまではよいだろうと連続した結果が、ズルズルと線引きを甘くしてしまいます。

いつの間にか「モラル」の欠如として表面化し、「気品」の低下に繋がり、お客様の信頼さえも失いかねません。自分自身は気づかないうちに、現象として結果的に現れてしまうものだと思っています。常に「モラル」と「気品」は、背中合せなのかもしれません。

そこで自分を高めるために、ビジネス団体で勉強されている経営者の方々から刺激を受けるのも1つです。金銭面で公私混同しないことは、事業継続の神髄でもあります。

◆自分にはケチに、お客様・他人には贅《ぜい》を尽くす

今、思うに、会社員時代に長くお付合いくださった経営者のお客様は、モラルがしっかりなさっていた分、それに比例して気品に満ち溢れていらっしゃる方ばかりでした。大正から昭和1桁にお生まれになり、戦後の物不足から這い上がり、日本の高度成長期を牽引された男性経営者のお客様が多かったからだと思います。

共通するのは、小銭のような小さなお金ほど大切にされるにもかかわらず、お買物をされるときは、とてもダイナミックなお金の使われ方をされていました。少なくとも20年、30年とお付合いくださった間、その方の会社経営も安定されていたことになります。

小さなお金を大切にされるということは、常に自分に対しては倹約を旨とし、いわゆるケチに生きていらっしゃったということです。その反面、他人のためには贅を尽くし、生きたお金の使い方をされていました。

時代は違いますが、私も経営者のはしくれとなって、昭和の紳士たるお客様の素敵な行動を思い出しながら、できる範囲で社会貢献し、見習わなければと思う次第です。

◆見栄を張らない、必要なものを必要な量だけ購入する

情報が溢れる現在の社会において、多くの人は、無意識のうちに、様々な物や人と自分自身を比較しているようです。心理学の世界では、「社会的比較」というらしいのですが、サラリーマン社会でも同じことが言えると思います。このことが原因で、人は、いわゆる「見栄」を張ることになります。そのような意味で、身の丈のシニア起業は、自分と向き合うよい機会にもなります。見栄以前に、自分自身との闘いに他ならないからです。

小売業をしておりますと、化粧箱、包装紙、プライスタグ、ショッパーなど消耗品の購入品に関しても一括で大量に買えば安くなる、中には価格変動ものもあり、安いときにまとめ買いしておいたほうが得をすると思いがちです。常識的には、まとめ買いのほうがお得に感じますが、実際のところはお得ではないことが多くなります。まとめ買いすると、安く買ったからと無駄な使い方をしてしまったり、また古くなり使わずに捨ててしまうという無駄が、必ず起こります。

これも会社員時代に学んだことですが、必要なときに必要な分だけ購入することで、少々高い買物をしたようでも、結果的には必要な数しかないので、大切に使うようになります。

取引先から安く大量買いをすすめられて、その気持ちも同じ営業として理解できるのですが、見栄を張って買ったとしても何もよいことはありません。ですから、起業してからも見栄を張らず、必要な分だけ買い続けています。「当座買い」の原則は、今でも染みついたままよいこととして生かされています。

第7章　シニア起業者として
サラリーマンの皆様にお伝えしたいこと

1　無理せず年金と両立で働くことでいい

◆年金の繰下受給の上限年齢が75歳に

ご存知のように、２０２０年５月の年金制度の改正で「繰下受給可能年齢の選択肢の拡充」が実施され、老齢年金は本来の受給開始年齢が65歳で、70歳を上限として受取りを繰り下げることができるのですが、２０２２年４月からは、この上限年齢が75歳までに引き上げられることになりました。要は、年金支給開始年齢を遅くすればするほど、年金を多く受け取ることができる内容です。

例えば、70歳の誕生月まで繰り下げた場合の増額率は42％、75歳の誕生月まで繰り下げた場合の増額率は84％になります。本来の65歳からの年金額が１００万円の場合、70歳から受け取り始めるのなら１４２万円、75歳から受け取り始めるのなら１８４万円になるわけです。

逆に、選択肢としては、繰上受給もあります。最大５年間繰り上げた場合は24％減になります。例えば、本来の65歳の年金額である１００万円を60歳から受け取り始める場合、76万円となるわけです。

自分なりに考察してみます。当然のことですが、年金の総受給額は何年生きるかで変わってくるものです。人それぞれの命、わからないことを基準にしても何の意味もありません。現実的に考えれば、60代になって貯金が少なく収入も不安定な場合は、繰上げを選択したほうがよいでしょうし、逆に65歳を超えても貯えがあり、収入が安定しているのであれば、受給の繰下げを考えるのもよいでしょう。国の財政に、個人的に少しでも貢献できるのであればそれもよしかと。

サラリーマンの皆さんにとっても、企業の雇用延長努力もあり、65歳の年金開始年齢を基準に、「さてどうするか？」の判断を、あらかじめ明確にしておかなくてはならないのではないかと思います。

◆65歳以下でも働きながら年金両立で追い風に

在職老齢年金の減額調整の仕組みも変更されました。これまでは、60歳以降に働きながら年金受給する場合、年金の基本月額と働いた給与月額の合計が65歳未満は28万円、65歳以上は47万円を超えると、年金の一部または全額がカットされていました。

これも２０２２年４月から変更され、65歳以下でも年金基本月額と給与月額の合計が47万円を越えなければ年金を減額されることがなくなりました。したがって、年金を60歳に繰上げしても、この間は、働くのが好きで、その収入と年金収入とを両立したいと考えている方には朗報といえるのではないでしょうか。

ちなみに、繰上受給の「損益分岐点（本来の年金額を１００万円として計算）」の例を挙げてみますと、およそ81歳よりも長生きすると本来受給の受給総額が多くなるようです。

・65歳からの本来受給　１００万円×16年（81歳―65歳）＝1，６００万円
・60歳から繰上受給　76万円×21年（81歳―60歳）＝1，５９６万円

あくまでも例ですが、50代にシニア起業して、60歳で繰上受給し、年金+給与で月に47万円以内であれば、20年以上働き続けるのも人生設計の1つです。ただ、繰上受給後に障害の状態になっても障害基礎年金が受け取れないなど、デメリットもあるようですので、よく吟味してから検討することをおすすめします。

また、友人でもあり、副業評論家でシニア起業ジャーナリストの藤木俊明氏によりますと、お仕事上、年金だけで生活している人から話を聞く機会が多いそうですが、そこでは「年金があと10万円あれば楽なのに」という言葉がよく出てくるそうです。年金の支給額だけでは不足で、月に30万円前後は必要だという感じでしょう。

やはり、年金にプラスして、無理せずにスモールビジネスで働き続けるのも選択肢の1つだと言えるのではないかと考えます。「起業だ！　大きく儲けるぞ」と事業設計するより、もし年金を受給されるのであれば、リスクを抑えて、「月に10万円収益が上がればちょうどいい」と考えると、ぐっと現実味が出てくるのではないでしょうか。

2　声をかけてもらえるうちが華

◆人が大好き、いわゆる「ひとたらし」

今、こうして起業してからのことを冷静に振り返りながら文章をまとめております。よかったこと、悩んだこと、気をつければよかったことなどを思い浮かべて、稚拙ながら少しでも自分の生の声をサラリーマンの皆さんにお伝えできたらと思い、書き綴ってまいりました。

「日頃活動している中で、大切にしているのは何？」と聞かれれば、やはり「人様との交流」というところに辿り着きます。

公平に与えられた1日24時間の中で、スケジュールが記された7年間の手帳を改めて確認してみると、商談に始まり個人的な趣味に至るまで、すべては人との交流のもとで成り立っています。コロナ禍の間、リアルに人と会えない日々が続いても電話、メール、SNS、Zoomなどを通じて、必ず人様と繋がっているわけです。

なぜそのようなスケジュールになっているのか、もちろん、生業上、営業という対面販売から来るのも確かでしょう。それ以上に、人が大好き、要は自分自身が「人たらし」なんです。ですから、声かけしてもらうときは、先約が入ってない限り、極力お会いする約束を優先しています。というのも、自分にとって人との出会いは、結果的に自分を変えるチャンスに繋がることが多いからです。

私は、「人と会うこと」を最優先にしております。シニア起業は、こうして「人と会う時間」をつくってくれます。定年後、家に引きこもり、奥様や家族と何だかうまくいかなくなったという話も耳にします。ゴルフだ、飲み会だと用事を入れても、それで遊ぶだけではなかなか続かないのではないでしょうか。やはり、仕事をきっかけにして人と会い、話をすることが、精神面からもいいのではないでしょうか。

◆ＧＩＮＺＡ ＳＩＸの特別内覧会にお招きを受けて

こんなことがありました。銀座に仕事の拠点を構えながら、東京と鹿児島の二重生活をするうちに、鹿児島で自然発生的にできた交流会グループ「夢を実現する花りんの会」。そのお仲間の文筆家の方から、銀座にオープンするＧＩＮＺＡ ＳＩＸという大規模商業施設の特別内覧会へのご招待の話がご縁の始まりでした。

オープン前から銀座の話題を独り占めするくらいに世界の最高峰のブランドが一堂に集まる商業施設でもあり、その内覧会には、当時の安倍首相をはじめ、小池東京都知事も挨拶に訪れるほどの力の入れようでした。

そのような内覧会にご招待くださったのは、全国の銘菓に数えられるスイーツ「フェスティバロ」を世に送り出した創業者、郷原茂樹氏でした。初対面なのになぜか親近感が湧く、そんな空気に包まれる出会いを皆さんもご経験があると思います。まさに言葉では表現できない出会いでした。

◆小説家になるために食い扶持のビジネスを成功させた異色の存在

小説家で詩人でもある郷原さんは、それこそ人間愛に満ち溢れた方でした。そのお人柄から、日本の本土最南端、大隅半島に位置し、国立公園のパノラミックな風景が眼下に広がる南風の丘に「大隅半島農林文化村」を運営されています。その広大な文化村には、ハーブ苑をはじめ花のプロムナード、ボンタン園などの「南風ガーデン」、南フランスを彷彿させるレストラン「ガーデンハウス」、ヘミングウェイの邸宅をモデルにした「南風図書館」など、人々が真・善・美に触れられるように風光明媚な空間を提供されていらっしゃいます。

その経営手腕もさることながら、お若い頃から夢を描いていた小説家としてもご活躍中です。お話を伺うと、好きなこと、やりたいことを実現するために事業を成功させた人生の歩みそのものでした。私たちシニア起業する人たちにとっても相通じる生き方を知る、そんな出会いでもありました。そのような人間愛に満ちた郷原さんにお声がけいただき、郷原さんの歴史小説を学ぶ勉強会・交流会を東京で開催し始めたところです。

年齢を重ねるほどに、人様から「お声がけいただくうちが華だ！」と感じるきょうこの頃です。また、よく考えてみると、自分の心の状態がプラスに働いているときこそ、よきお声がけをいただくものです。日々の生活の中で、ネガティブにならない心の持ちようは、大切にしたいところですね。

3　親の背中は大切にし続けたほうがよい

◆自分がこの世に生を受け存在している原点

私が、シニア起業した目的の１つが、「親を大切にしなければ自分自身に悔いが残る」と思ったことであることは、前述のとおりです。極端な言い方をすれば、誰のためというよりも自分のためだからです。

毎月二重生活をしていると、周囲から「大変ですね」とよく言われることがあります。でも、申し訳ないのですが、全然、大変だと思ってもいませんし、思ったこともありません。これも自分が好きなことをしているだけなのです。30年以上も親に何もできずに故郷を離れておりました。だから、こうしてお返しするのは当たり前の行為だと思っているのです。

人それぞれに環境や立場は違うと思います。親を思わない子どもなんて世の中にいるはずがありません。大切にしたくてもできない方もいらっしゃるでしょう。でも、離れていてもできることはたくさんあります。定時の朝晩の安否確認と電話による些細な1日の話、それだけでも親は喜ぶはずです。明日を生きる活力になり、認知症予防にも間違いなく繋がります。また、近くにいる親族やご近所さんへの日頃の感謝も忘れてはなりません。

そして、それを継続することです。親が亡くなると、どれだけ親に尽くした方でも「あれをしておけばよかった、これもしておけばよかった」と思い出す度に後悔の念に駆られるものです。だからこそ、できる範囲でお互いに尽くしておいたほうがよいと思うのです。

自分が生を受けて今ここに存在できているのは、親のお陰だという原点を大切にしたいものです。両親にしても義父母にしても、全く同じことが言えると思います。

◆親の背中をプラス思考で捉える

私の場合は、その思いが平均よりも上回り、33年勤めた会社を無謀にも勝手に退職してしまいました。でも、1つ言いたいのは、「誰でも思うことはできる。でも行動に移さなければ、何事も具現化しない」。ただそれだけのことです。

実家は自営業で、父も母も馬車馬のごとく働き、激動の昭和期そのものでした。幼少の頃からその背中を見て育ったので尚更のことだったかもしれません。

九州男児で頑固一徹な父と二人三脚で働く母の姿は、まるでNHKドラマ「おしん」のようにも見えた子ども時代でした。それだけに、学校から帰ると、弟思いの兄と家業を手伝うのが当たり前の風景でした。

零細でありながらも5000羽ほどの鶏を飼っていたので、家族一緒に宿泊旅行に出かけたこともありません。地元の土地改良区総代で多忙でもあった母方の祖父まで、娘を思い、祖母と一緒に毎日のように手伝いにきていたほどでした。そんなこんなで、喜怒哀楽を絵にしたような家族のつながりが、毎日目の前に広がっておりました。

◆コロナ禍後の時代変化に生きる働き方の選択肢

私が、東京と鹿児島の二重生活を実現できたのも、ちょうど時を同じにして、LCCをはじめとしたリーズナブルな航空運賃で移動が可能になった頃でした。「これからは、私のようにシニア起業して都市部と地方を往復して二重生活する人も増えるだろうな、少し先取りできたかな？　それであれば、皆が私の行動を見て二重生活がしたいなんて思うような発信をしていこう。少しでも都市部と地方をつなげられるはずだ。そして、ゆくゆくは、ビジネスは銀座を拠点にしたままで、法人登記は故郷に移せたらよいな」なんて思ったものです。

さらに、コロナ禍は、悪いことばかりではなく、たくさんの気づきを私たちに与えてくれました。ピンチをチャンスに変える機会を与えてくれました。テレワークが増え、都市部に通勤することなく、地方に移住し働ける選択肢も増えてきました。起業する人も、サラリーマンの人も、都市部と地方の距離感がかなり払拭されつつあると言えましょう。

起業して二重生活する、サラリーマンを続けながら移住する、この2つの働き方は、核家族を解消し三世代が暮らす世の中を再構築できるかも知れません。人生１００年時代、親の見守り、介護、子供の教育など様々な観点から見ても優位性があるのではないかと。

4　自分を支援してくれる心友・親友・真友はいますか？

◆悩みをさらけ出せて向かい合ってくれる存在

人生を歩むに当たって、重要な局面で判断を要するとき、重大な悩みを抱えたときなどに、相談に乗ってくれる存在はどれほど心強くありがたいことでしょう。過去を思い出すと、親兄弟はもちろんのこと、私の場合は、友人に助けられた人生そのものでした。

京都の大学生活を共にした同じ高校の先輩、部活で夢を語り合った同期と先輩、お互いに励みを得ながら歩む会社員時代の同僚、シニア起業してからもお世話になる同業者の先輩、故郷と二重生活を始めて再会した幼馴染、趣味で出会ったアーティストなど、じっと目を閉じて思い巡らすだけでも（自分の中で呼び方は様々ですが）心友、親友、真友の存在というものが、次から次へと浮かんできます。

誰にとっても、「気兼ねなく、秘密なく、さらけ出せて、安心できる存在」は、本当にありがたいことです。お陰様で「1人経営」の私は、1人ではないことに守られています。年齢を重ねれば、重ねるほどに、この大切さがしみじみと伝わってくるものです。その数が多いほど、豊かな人生につながるような気がしてなりません。

そして、シニア起業をすると、また新しいつながりができます。60歳近くになって、新しい友人や年下の友人ができるのは楽しいことではありませんか？　それは、シニア起業の利点の1つだと思います。もちろん、趣味やスポーツでもそういう友人ができるかもしれません。でも、ビジネスを通じて「心が通じ合う」経験というものは、とても強く心に響くと思うのです。

◆年齢を重ねるほどに親友の存在が高くなる

朝日新聞、Ｒｅライフプロジェクトによる、主に50代以上の読者を対象に行ったアンケート調査（２０１7年11月10日～12月7日、Ｗｅｂサイトで実施）で次のような傾向が浮かび上がったそうです。

「親友がいる」という回答は、男性で65%、女性では71%を占めたそうです。

年代別ですと、70代以上の87%が最も高く、60代74%、50代64%、49歳以下60%と、年齢が下がるほど減っていきます。その傾向は男女共通で、男性で最も比率が高かったのは70代以上の81%、女性も70代以上の95%でした。

「親友がいる」人にその数を聞くと、「2〜3人」が55%と最も多く、「1人」と「4〜5人」がそれぞれ19%で続きました。

男女別で見ると、「2〜3人」が男性(42%)、女性(62%)ともに最も多く、次いで多かったのは男性で「4〜5人」(29%)、女性では「1人」(20%)でした。

年代別では、60代、50代、49歳以下では「2〜3人」と答える人が最も多かったのに対し、70代以上では「4〜5人」が最多でした。やはり、年齢が高くなればなるほど、親友の存在の割合も高くなり、その数も増えることは頷ける気がします。

調査では、信頼できる異性の友人の有無も尋ねています。「いる」は46%で、男女とも「いない」が過半数を占めました。年代別では、「いる」が「いない」を上回ったのは、70代以上のみ。また、男女間に友情が成立するかを聞く質問では、全体の7割が「成立する」と答えたそうです。

ビジネスを展開するとき。特に私のようなビジネスを営むものにとって、異性の友人からのアドバイスは金言になります。会社員時代のように、「いつもの仲間」に囲まれて過ごすのもまた楽しいものです。しかし、多様な意見もとても大切です。そこでは、異性の友人、年下の友人、また全く違う分野の友人などがいてくれると、いろいろな気づきがもらえます。

年齢とともに、人に寄り添い、心豊かに生きたいという結果がこのアンケート調査に如実に表れているのではないかと思います。

また、親友が多いほど、違った観点からアドバイスをもらえることで、ビジネス上でも正確な判断ができることが多いです。かけがえのない親友は、永遠に大切にしたいものです。そして、自分自身の「相手に尽くしたいと思う気持ち」こそが豊かな人生をつくってくれるものだと感じます。

5　「ありがとう」の感謝はすべてを幸せにする

◆感動は忘れないうちに伝えるもの

世の中には、人を幸せにしてくれる見習うべき人がたくさんいます。東京で出会った同業者の先輩もその1人です。20年くらい前になりますでしょうか、初対面とは思えないほど柔和な笑顔と語り口で人の懐にどんどん入ってくる、でも嫌味な感じがないんですね。

皆さんもよく経験されるでしょうが、人によって全く同じ言葉を発しても、好感を持てる人と、逆に嫌悪感さえ抱いてしまう人がいるものです。この同業先輩と長いお付合いをさせていただく中で感じたのは、優れたコミュニケーション能力とは生来の才能なのだと言うことです。私自身も営業マンなので、見習うべき部分が大いにありました。また、お付合いするほどに味わい深さが出てくるような方でした。

さて、その同業先輩の味わい深さはどこから発せられるのか、全くぶれないのはどうしてなのかと考えると、それは「一瞬一瞬のアンテナの感度が遥かに高いこと」だと気づきました。研ぎ澄まされた感性の持ち主でもあるのです。ですから、その日の感動は、忘れないうちにすぐに言葉にして人に伝えアウトプットされるわけです。

電話がかかってきて長話になると、時と場合によっては面倒くささを感じるものですが、同業先輩からの電話は、いつの間にか傾聴してしまっている…そう、超越した味わい深さなのです。

インプットは、誰もが普通にやっているものです。でも、それを言葉にしてアウトプットとして人に伝えることで、自分の記憶にも残るし、さらに感性が磨かれるのです。

その先輩が言うには、「感動は、皆で分かち合いたいし伝えたい」がモットーなのです。言葉の伝道師そのものです。気心しれた人であれば、夜中でも電話が入り、感動の伝達が始まるわけです。

◆めったにないことの貴重な出来事への感謝

同業先輩のような「感動を伝えられる人」に共通するのは、感謝の気持ちを持って常に生きていることですね。起業してみて、やはり成功している経営者の皆さんからは、イベントや商談が終わり、別れた後のお礼のひと言、「ありがとう」のフォローがメッセージとして必ず入るものです。それも絶妙のタイミングを見計らったように。

「ありがとう」のひと言は、人間関係をよりよいものとして継続させ、さらに絆を強くしてくれます。ありがとうと何度も言われて嫌な思いをする人なんていないでしょう。相手を思いやる気持ちも含まれている素敵な言葉です。

語源は、「めったにないこと」の意味の形容詞。めったに起こらない貴重な出来事への感謝の気持ちが、いつの日か言葉になって使われるようになったのです。さり気ない「ありがとう」の言葉は、起業してからも人を幸せにする原動力になっています。

日本の実業家でもあり、思想家の中村天風さんが残した私も好きな名言があります。

「感謝するに値するものがないのではない、感謝するに値するものを気がつかないでいるのだ。

―中村天風―」

一見、当たり前に見えることも、すべて感謝すべきものばかりなんですね。それを見逃さずに日々を過ごすことを自分自身、大切にしていきたく思います

6　好奇心旺盛であったほうがいい

◆何でだろう？　という疑問を持つ大切さ

「どうして、こんなに光によって色合いが変わるの？」と見たことのない宝石に純粋なまでに釘づけになり、好奇心を抱かれるご年配のお客様。そのお客様の瞳がきらきらと輝いている瞬間を一

緒に過ごさせていただくことがあります。そのようなお客様は、長生きで、健康寿命も長く、頭もしっかりされていらっしゃいます。少子超高齢社会の世の中ににあって介護とは程遠く、逆に子供孝行なお客様に尊敬の念を抱かざるを得ません。

物欲などというよりも、美しいものに感動し続ける女性の皆さんが、男性よりも平均寿命が長いのもこのような好奇心が影響していることもあるのだろうな…と生業上、感じる機会も多いです。

兎角、年齢を重ねてくると、それまで培ってきた常識が逆に邪魔をして、「何でだろう？」という少年のような疑問を持たなくなってしまいます。実は、最近そのようなことがあったばかりです。

Ｆａｃｅｂｏｏｋの投稿で放たれた小学・中学時代の友人の言葉でした。私の中では、常識的なことでよしとしていたことが、「それってなぜなのか？　聞いてみたほうがよいのでは？」という鋭い指摘に「ハッ」とさせられたばかりなのです。もともと彼と再会できたのも、彼の昔と変わらぬ「好奇心旺盛な姿」に私自身が魅せられたからに他なりません。

ですから、年齢を重ねても、好奇心を保つために、ありふれた常識で凝り固まるのではなく、よい意味で自ら疑問を持つ癖をつけることでしょうね。そんなことが、心身の老化を食い止める最大の防御になるだろうと思って止みません。

◆よい空気には乗ったほうがいい

好奇心とは、知らないことや、経験したことのないことに対して関心や興味を抱くことそのものです。会社員時代に長年営業を経験してきて、人を見る洞察力は、若干なりとも鍛えられたと自負していました。ところが、起業後、出会った信頼のおける方々は、私が知らないことや、経験したことのない世界をたくさんお持ちでした。

信頼関係から、何の迷いもなく、乗っかることが早いと思い、知らない世界に好奇心一杯で飛び込んでいきました。よい空気に乗っかることにより、結果的に5人の方々のバトンを介して、自分のビジョンの1つである海外取引につながったことです。これは、私にとって今後の可能性を秘めたかけがえのない種（シーズ）になることは間違いありません。好奇心で行動すれば、チャンスさえ与えてくれるものですね。

「セレンディピティ」(serendipity）という言葉をご存じでしょうか。何か行動を起こしたことにより、本来の目的とは別に価値を持つものに出会ったり、予想外の発見をしたりすることです。何だか占いみたいですが、科学技術の世界でも言われることです。何も行動を起こさず、理屈をこねていないで、まず好奇心のまま行動すると思わぬ答えがあるわけです。

また、自分のやり方や哲学に強いこだわりを持ち、大衆的な流行りものに背を向けて過ごす方もいらっしゃいます。そのこだわりはとても大切なことです。しかし、特別な才能がない限り、ビジネスの相手は「世間」です。それは、「下りのエスカレーターを駆け上ろうとする姿」に近いことがあります。それより、世の中の流れに乗れるときは乗る、よい空気があれば乗っかってしまうこともまた大切です。何にでも迎合しろというわけではありません。

「上りのエスカレーターを駆け上る」ほうがビジネスとしては成功しやすいでしょう。自分の大切なこだわりは、いったんタンスにしまっておく時期も必要なのではないでしょうか。

シニア起業を検討され、本書をお読みのサラリーマンの方のために伝えたいポイントがあります。誰でも、長年働いた会社でのご経験に自信をお持ちでしょう。もちろん、それはメリットでもあります。ただ、その延長線上で物事を考え過ぎて、「会社員時代はこうだった」にこだわり過ぎて、新しい出会いを自ら潰してしまうことだってあり得ます。周囲の方々に好意的に受け入れられるために、好奇心を持つことは大切だということです。それは、まるで新人に戻ったような世界を育んでくれるものです。ぜひ、お互いに好奇心を失いたくないものですね。

7　50代は人生の後半戦を変えられるチャンス

◆高尾山に登って気づいたこと

起業当初の春だったと思います。東京都八王子にある標高599mの山「高尾山」に友人と一緒に初めて登ったことがありました。それほど高くはないのですが、ミシュランの三ツ星にも指定され、年間300万人近い人が訪れる世界的な観光スポットでもありますね。

若い人の起業は、山登りでたとえると「エベレスト」を目指すでしょうとお話ししたことがありました。プロの登山家が、8848mの世界最高峰に挑む並々ならぬ覚悟を考えれば、スニーカーでも十分に登れて、庶民に人気で身近な「高尾山」。ましてや私のような初心者は、中腹までケーブルカーで上がりそこから頂上を目指すことも可能です。

新緑の季節の移り変わりを楽しみながら、マイナスイオンを一杯に浴びて、小高い山を目指します。まさに省力化して健康寿命を保ちながら人生を楽しむシニア起業のようなものではないかと思いました。

それでも頂上に辿り着くまでには若干の疲労感があるからこそ、頂点に立ったときの何ともいえない爽快感が味わえるものです。お陰様で、天気にも恵まれて、山頂から冠雪の富士山の姿をはじめ、南には丹沢や道志などの山々まで見えました。また、空気も澄んでいたこともあり、遠く南アルプスまで見渡すこともできました。登山愛好家の気持ちが理解できるそのような経験にもなりました。

◆山頂は人生の折返し地点

今、50代のサラリーマンの方がお読みになっているとしたら、山頂はちょうど皆さんの年齢と考えることができます。皆さんの年齢の頃に子育ても終盤で、住宅ローンも完済するか完済が見えてきて、ご自分の会社における存在も明確になり始めるころだと思います。私も55歳で起業し、現在62歳、自分の人生を考えるとき、50代というのはとても重要な年齢であったと振り返ることができます。

日本の２０１９年の平均寿命が、男性で約81歳、女性で約87歳です。１人歩きをし始め成人となる20歳（２０２２年4月から18歳）を起点にすると、ちょうど折返し地点が50歳くらいになります。そこから平均して残り約30年をどのように過ごすか、ご自分の後半戦をデザインされるに相応しいときではないかと思うからです。

50歳くらいまで、山頂を目指して、家族のために、会社のために、自分のためにと、とにかく登ることだけを考え、ひたすら頑張ってこられたと思います。

今からの後半戦は、山登りでいえば下らなければなりません。ひたすら登って来られたときのような体力も消耗していて、無理のないように下る必要があります。かといって、山を駆け下りたりしたら身体に負荷がかかり、なおさら足腰を痛め、致命傷になりかねません。

私の場合は、たまたま自分の置かれた立場からデザインして、シニア起業を選んだだけです。人の生き方は、それぞれです。先に述べましたように、人生１００年時代に向けた、働き方も多様化してきており、選択肢もたくさんあります。ですから、後半戦をどのように生きるか、50代に突入されたら、真剣にお考えなっておいたほうが、あと約30年という人生の楽しさが倍増することだけは言えるのではないかと思います。

おわりに

最後までお付合いいただきありがとうございました。大学卒業後、好きな会社に33年間勤め、学びを得て55歳でシニア起業した私の生の経験談をお伝えし、サラリーマンの皆さんに、同じ目線で少しでもお役に立てればという思いで筆を執らせていただきました。

ノウハウ本というよりも、現実に起こり得ることをわかりやすく、正直にしたためたつもりです。ある意味ではドキュメンタリー本といったほうがよいのかもしれません。

「お客様の笑顔をつくる付加価値を創出する」という私のミッションは、いつしか明治維新150年の際に出会った、古薩摩切子を源流とするガラス作家、頌峰《しょうほう》氏をはじめ、ドイツ・マイセン在住のマイスターでグラヴィールガラス作家、ヨルク・ホーヘンベァク氏など、芸術性の高い秀逸な作品を創り出すアーティストのご縁に至り、一部の取引が始まっております。

シニア起業は、自分の興味だけではなく、他人の興味にも関心を持って、それを掛け合わせることで新しい発見や価値を生み出していく、そのような柔軟な姿勢も必要な気がしてなりません。その分、明日を生きるワクワク感を与えてくれると言っても過言ではありません。

会社員時代は、組織の中で与えられた任務を一生懸命に遂行することが役割でした。結果的に一芸に秀でることが自分のスキルに繫がったわけです。皆さんもまさに今、スキルを磨く現在進行形の真っただ中にいらっしゃると思います。

ないものに憧れるのではなく、自分の持って生まれた天分や才能を十分に生かして生きる、それこそ「足るを知る」ことが、人生100年時代を生きる立ち位置となることは間違いありません。ぜひ、ご自分の培われたスキルを大切になさってください。そして、宝石のように磨き続けてくださることを望みます。

また、本文に記したように、母親を見守りながら東京と鹿児島の二重生活をキャリアデザインするのも目的の1つでした。55歳起業当初は、正直言って70歳くらいまで働けたらいいなあと思いながらスタートしたのも確かです。

しかしながら、「肩ひじを張らずに好きなことで、小さく稼いで社会貢献していくスタイル」が、時の経過とともに、自分自身に適合していることがわかり、現在はある種の嬉しい自信に繋がっています。

7年経った現在は、どんどん延びて80歳くらいまでは働きたいと思うようになりました。その根底にあるのは、「無理せずストレスを溜めることなく、心の健康も守りながら生きたい」というスタンスで、それこそグライダー人生です。

周囲を見渡しても、現役で頑張る80歳を超える経営者の方々を普通にお見かけするような時代になりました。自動車部品販売会社を経営する私の叔父も今年80歳になりますが、まだまだ生涯現役で一緒にいるときもその年齢を感じさせないほどです。それこそ、無理をせず、ストレスを溜めることなく、心の健康を実践している1人でもあります。

人生100年時代の働き方も、今後、さらに多様化してくると思われます。政府は、実質的に定年をなくすような動きを見せています。定年は、会社が決めるものではなく、自分で決めるものになるでしょう。そして、選択肢によっては、同じ会社で定年を迎える時代ではなくなるかも知れません。

もし、50歳に入られたのなら、自分に合った働き方のスタイルを見つめ直し、その後に待っている長い人生をどう生きるかを考えてみることが大切です。ひたすら走り続けてこられたサラリーマンの皆さん、本書が少しでもその後の豊かな人生においてお役に立てれば、とても幸甚に存じます。

最後になりますが、本書を上梓するに当たり、ご協力を賜りました副業評論家、シニア起業ジャーナリストの藤木俊明氏に心から感謝申し上げます。

上水樽　文明

著者略歴

上水樽　文明（うえみずたる　ふみあき）

鹿児島県出身。合同会社オフィス TARU 代表社員。

1982 年 3 月、京都外国語大学 外国語学部 英米語学科卒業。京セラ株式会社入社。以来 33 年間、主に宝飾応用商品事業部に在籍。東京外商営業責任者、クレサンベール銀座店 店長、新陶芸営業部責任者等に携わる。

2014 年 6 月、55 歳を機に京セラ株式会社退職。

2015 年 4 月、東京銀座を拠点に合同会社オフィス TARU を設立。ジュエリー・生活雑貨の企画及び販売、イベント＆催事の企画運営を開始、現在に至る。

所属団体他：東京商工会議所、京橋法人会、佐倉中央ロータリークラブ、京セラ敬愛会、東京ブランドアクションパートナー。

メディア掲載：日経 MJ 新聞「50 歳からのゆる起業」、南日本新聞「鹿児島人物語」、夕刊フジ「定年起業への挑戦」「定年起業 私の事業計画書」「定年起業への挑戦 実践編」、週刊 AERA「人生 100 年時代の働き方」、キャリア教育情報誌「しごとびと」他。

50 代からでも遅くはない！　サラリーマンからのシニア起業術

2021 年 8 月 3 日 初版発行　　2021 年 8 月 25 日 第 2 刷発行

著　者　上水樽　文明　© Fumiaki Uemizutaru

発行人　森　　忠順

発行所　株式会社 セルバ出版
〒 113-0034
東京都文京区湯島 1 丁目 12 番 6 号 高関ビル 5 B
☎ 03（5812）1178　　FAX 03（5812）1188
http://www.seluba.co.jp/

発　売　株式会社 三省堂書店／創英社
〒 101-0051
東京都千代田区神田神保町 1 丁目 1 番地
☎ 03（3291）2295　　FAX 03（3292）7687

印刷・製本　株式会社 丸井工文社

Printed in JAPAN
ISBN 978-4-86367-680-0